主婦業9割削減宣言

唐仁原けいこ
（けーりん）

中央公論新社

はじめに

この本を手に取っていただき、ありがとうございます。

私は働く主婦であり、３人の子供を育てる母でもあります。

この文章を書いている時点で子供の年齢は、上から８、５、１歳の３人です。

「主婦業９割削減を目指す主婦」として各種メディアで取り上げていただいたのも、その私の目標が、今の日本ではとても珍しいことだからだと思います。

きっとこの本を手に取ったあなたは、「主婦業の９割削減なんて本当にできるの？」という気持ちでしょう。

それと同時に、「もしそんなことが実現できたら……」と想像しているのではないでしょうか？

本書に書いてあることを実践しても、あなたの「主婦業9割削減」が叶うかどうかはわかりません。

なぜなら、**主婦業の現状は人それぞれ**であり、私も目指している途中だからです。

でもあなたが今当たり前に「やらなきゃいけない」と思い込んでいる主婦業は、本当に自分の手でやらなくてはいけないことなのでしょうか？

「自分がやらないと家庭がまわらない」
「母だから仕方ない」
「妻だから仕方ない」
「3人も子供がいるから仕方ない」
私もそう思い込んで、〝仕方ない〟からやっていました。

本心ではやりたくないことであっても、みんなが当たり前にやっているんだから私もやらなくちゃと思い込んでいたのです。

私がこの取り組みをはじめたのは、母親である自分自身の精神状態が崩れると、家族にとって良い影響なんて全くないということを、自分の経験を通して強く感じたからです。

２０１９年5月、我が家は第三子を迎え、家族が増えました。私の家事負担は大幅に増え、下の子から目が離せない、上の２人にも手がかかるような状況で日に日に「手が足りない」という思いが強くなりました。そんなまさに猫の手でも借りたい時に訪れたのが〝コロナ休校（２０２０年3月に新型コロナウイルス感染症対策として政府により全国の小中学校に休校措置がとられたこと）〟です。

世のお母さんたちが皆経験した３ヶ月、私はあの期間をうまく切り盛りすることができず、家庭内の雰囲気が日に日に悪くなり、自分も精神的に追い込まれていくことになりました。

私のその頃の状況は、仕事の量を大幅にセーブして働きつつ、家で子供３人の相手をしながら家事に追われる毎日でした。

一番上の子は、小学校からの課題を一緒にやるものの、私の教え方が下手なのか、やる気が目に見えてなくなっていき、私と喧嘩のようになる日々を繰り返していました。

真ん中の子は、当時4歳でしたが遅くきた赤ちゃん返りのような時期がちょうど重なり、「食べさせてほしい」「着替えさせてほしい」と、とにかく甘えたい放題。でも私のやることが多すぎて「構って」という気持ちに十分寄り添えない。加えて外出自粛のステイホームで体力が余って、夕方には不機嫌に。時には癇癪を起こすこともありました。

一番下の子は動きはじめが早く、〝コロナ休校〟の時はまだ0歳でしたが、歩く、転ぶ、テーブルに乗り上げる、気づいたら何でも食べようとするなど、寝ている時以外目が離せません。

子供3人の相手に加えて、1日3度の食事の用意や掃除・洗濯。完全にキャパオーバーになっていた私は、夫や子供たちに口うるさく言ってしまうシーンが増えていきました。

「あなたもやってよ！」「早くしてよ！」

口うるさく言えば言うほど、家族は面白くないから、私の言うことを聞いてくれなくなり、八方塞がりな状況に……。

「何でこんなことも自分でやってくれないのよ」

「お母さんのこと困らせたいんでしょ？」

「お姉ちゃん（お兄ちゃん）なんだからしっかりしてよ」

「何でそんなこともできないのよ！」

つい感情を抑えられなくなって口にしてしまう、言ってはいけない言葉。

夜、家族が寝付いた後に後悔して涙する。

また朝が来て、今日こそは頑張ろうと思うのに、同じことを繰り返してしまう。

こんなに愛しい子供たちがいるのに、何で自分はこんなにも駄目なのだろうと思い悩む日々が続きました。

自分が思い描く理想の母親像とかけ離れすぎた自分自身の姿に、何度も心が折れそうになっていた時期です。


片付けても、あっという間に家はグチャグチャ。

毎日大量に出る洗濯物との格闘。

雨の日に限って、子供がおねしょをしてお布団が汚れる。

朝ご飯を食べたと思ったら、昼と夜の献立はどうしようと悩む。

せっかく時間をかけて作っても子供に「食べたくない」と言われる夜ご飯。

みんなの食事の準備をしてやっと座ったと思ったら、「お茶」と家族に言われる。
「自分でやって」と言ったら、4歳の息子に盛大にこぼされてかえって仕事が増える。

そんな時、私は床を拭きながら半分泣いていました。

「もうやだ……」

そう思ったけれど、世のママたちが乗り越えていることを自分が乗り越えられないのは何でなんだろう？　逃げ場がないような感情に苦しむこともありました。
大変だと感じる家事育児、そしてこれから本格的に再開しようとしていた仕事との両立が、重くのしかかっていました。

何かをやめないともう無理だ……家庭がまわらない。
そう本気で感じたのがことのはじまりです。
そんな風に行き詰まった時に、一番最初に頭に浮かんだのは仕事をやめること。
でも私は、本心では仕事をやめたくはなかったのです。考えに考えた末に主婦業を大幅にやめていく決意をしました。

どうしてそういう選択をしたのかは、本編で詳しくお話しさせていただきます。


「主婦業9割削減」、そんなの無理じゃない？

多くの人にそう言われますし、私も最初はそんなの無理だと思いました。でもある方に言われた次の一言で考え方を変えたのです。

「仕方ないからやり続けるのは思考停止、どうやったらやめられるかを考えるほうがクリエイティブ」


また、私自身が常識に囚われていたんだということに気づき、

「主婦業9割削減を目指す」という壮大な目標が決まりました。


「主婦業」を「家事」という言葉にしなかったのは「あえて」です。

「家事」という言葉では片付かない業務が主婦にはある。

そして、それらは女性がやるものという文化が今も残っていると感じるからこそ、「主

婦業９割削減宣言」にしました。

私の場合、特に得意でもない主婦業に力を注ぐより、ストレスを溜めずに家族みんなが笑顔で過ごせることに重きを置き、家電や人に頼れることはどんどん頼り、仕組み化していくことで浮いた時間を家族とのコミュニケーションに当てたり、仕事に集中することや、本来やりたいと感じていた文章を書くことに時間を使っていきたいと考えました。そして何よりも、子供の「今」を一緒に楽しめるもう少し余裕のある自分になりたいと真剣に考えたのです。

そう、これは今まで〝仕方ない〟と思って、深く考えずにやり続けてきたことをどうやったらやめることができるかを真剣に考える〝クリエイティブ〟な挑戦。

そこには、〝過去の常識〟とか〝当たり前〟とか〝世間体〟を外した時にしか見えない、新しい世界があると思っています。

もし、あなたが主婦業を〝**やりたい**〟と思ってやっているわけではなく、〝**仕方なく**〟やっているのだとしたら、この本を読むことで、人生に大きな変化を生むことができるかもしれません。

だって、1日の中で膨大な時間を占めている主婦業の時間を削減することができたとしたら、あなたはその時間を何に使いますか？

時間の使い方を変えるということは、すなわち人生が変わるということ。

・毎日が「やらなきゃいけないこと」で終わってしまう
・もっとゆとりのある気持ちで家族に接したいと感じている
・本当はいっぱいいっぱいなのに疲れていると言えない
・共働きなのに夫が家事をしてくれなくてイライラしている
・子育て中でも、自分の夢を諦めたくない
・本当はもっと社会で活躍したい

こんな風に感じている方に読んでいただければ、何かしらのヒントになると思います。

主婦業を削減することで得られる時間とマインドの余白。

それこそが得られる価値であり、あなたが家族や社会に返せるものになるはずです。

さぁ、過去の〝常識〟や〝価値観〟を一度手放し、早速、読み進んでみましょう。

CONTENTS

もくじ

本文イラスト
Mahinaily

カバーデザイン
渡邊民人（TYPEFACE）

本文デザイン
清水真理子（TYPEFACE）

0
序章

育児、仕事、家事、
全部真面目にやるのは
無理がある

◆共働きと子育てと核家族

そもそも、核家族の中で、育児も仕事も家事も全部真面目にやるというのは無理がある話なのかもしれません。

もしできたとしても、家族の誰かがギリギリの精神状況で頑張っているから成り立っているということはないでしょうか。

「主婦業9割削減」を考える前に、日本社会の変化について考えてみたいと思います。

ひと昔前の日本では、「専業主婦」的存在が家庭に2人いることが普通でした。

TVで「サザエさん」を見ればわかりますが、親世帯と同居をしていると、家事育児に関わる人の手が多かったのです。

でも現代は多くの家庭が核家族です。

父親の帰りが遅ければ、小さい子供を抱える母親が1人で育児をすることになる。幼少期の子育てって、もう一本手があれば解決する悩みの連続だったりする中で、母親が1人で格闘しなきゃいけないシーンが多いのが今の日本であり、さらにコロナ禍では家庭が孤立しやすい状況ですよね。「ワンオペ」で奮闘することが、今の日本では当たり前になっているように感じます。

私たちを取り巻く世界は日々変化しており、変化のスピードは年々早くなっています。それにもかかわらず、**私たちは古くからの習慣や価値観、理想を、少なからず握りしめながら生きているのかもしれません**。

私の子供時代は、父親はほとんど家にいない忙しいサラリーマンで、母親は専業主婦という家庭が多かったです。

もちろんパートに出かけるとか仕事をしている母親もいましたが、ある程度子供が大きくなってから働くというのが一般的でした。

「寿退社」が〝ステイタス〟で若い女性の目標のひとつ（私も昔憧れていました）でした

し、25歳までに結婚するのが適齢期で、それ以降は売れ残ったクリスマスケーキなんて言われていた時代があったと思うと、本当に時代は変わりましたね。

例えば、いま会社に勤めている女性が、「結婚するので、寿退社します」と言ったら、どんな反応をしますか。

多くの人が「遠方の人と結婚するの？」というような反応をするのではないでしょうか。

「寿退社」という概念はほぼなくなりましたし、さらにここ10年で大きく変わったのが、出産後も仕事をするかどうかという点です。

私が第一子を産んだ頃（待機児童問題が特に騒がれていた2012年秋）というのは、まだその選択が半々のような印象でした。

しかし、この頃から現在にかけて状況は変わり、保育園が少しずつ増え、育休制度の内容が充実し、男性の育休についても語られるようになりました。コロナ禍でリモートワークが可能になった職場が増えたのも追い風です。女性が出産後も仕事をしやすい環境が日本でも少しずつ整ってきています。

就職活動をしている女子学生の中には、「結婚・出産後も働き続けやすい会社かどうか」で会社選びをする人が増えているという話も聞いたことがあり、**女性も生涯働く時代がすぐそこまできているように感じます。**

私は結婚相談所の仲人の仕事もしていますが、「女性は家で家庭を守ってほしい」という男性には、ほぼ出会いません。

どちらかというと、「僕も家事や子育てに参加するから、仕事を続けてほしい」という男性のほうが圧倒的に多い印象を受けます。

体裁を取り繕って「仕事の継続は本人にお任せします」と言っていたりもしますが、本音では「二馬力で稼ぎたい」というところでしょうか。

これからの時代は、ますます夫婦共働きがスタンダードになっていくでしょうし、生き方はどんどん多様化してきています。

それにもかかわらず「主婦」や「母親」の理想像は、ひと昔前の記憶を追っているのかもしれないと感じるのです。

それは自分が母親に〝してもらった〟という経験があるからかもしれないですね。
また、時代がこんなに変わっていても、家事・育児のメインは女性という文化だけは、しっかり残っているように感じます。

共働き世帯では夫婦間で役割分担をするものの、妻の負担のほうが大きいと嘆く主婦は多いです。
一方、男性の立場からすると、ひと昔前の専業主婦が家庭にいてくれた時代のほうが仕事に専念しやすかった、というのも事実だと思うのです。

そう考えると、夫婦だけでどうにかしようとすること自体、無理があるのかもしれません。なんとか家庭がまわったとしても、お互いの我慢が積み重なり、夫婦仲が殺伐としてくる可能性もないでしょうか？

時代が変わっても過去の理想を追い求める声は多く、2020年にツイッターで繰り広げられたポテサラ論争、唐揚げ論争、冷凍の餃子論争などが象徴的だと感じています。手間暇が愛情、既製品は手抜き、そんな風潮がありますよね。

世間の基準もそうですが、女性たち自身が「理想の主婦」像から遠い自分に罪悪感を持ちながら過ごしていることもあるかもしれません。

少なくとも私はそうだったと思います。


今、日本は過渡期にあるのかもしれません。

女性が活躍する社会を本気で目指すのであれば、家庭内の多大な業務である「主婦業」について、今一度真剣に考えるタイミングなのではないでしょうか。


この本では、世界の主婦事情についても取り上げています。

実際に世界各国で暮らしている主婦にインタビューする中で、**いかに日本の主婦が当たり前レベルでやっている「主婦業」の基準が高いか**を実感しました。

◆「主婦業が苦痛！」と言っても大丈夫、それでも結婚生活が成り立つなら夢がある

良い妻の条件、良い母の条件とは、料理上手で整理整頓ができて家庭的……。無意識レベルで刷り込まれていないでしょうか。

婚活している女性の多くが、料理のことを気にするのも、それを表しているかもしれないですね。

でもよく考えたら、みんな主婦業が得意なわけがないですし、たいして好きでもない人のほうが多いかもしれないですよね。

主婦業は結婚したら必ずやらなきゃいけないもの、みたいな文化があるから、婚期が年々遅くなり、少子化に繋がっているのかもしれないと思うと、やりたくない人は堂々と「やりたくない！」と叫んで、それでも結婚生活は成り立つ、と示したほうが、日本の未来に貢献できるのかもしれない、と考えたりします。

女ならこうあるべき
妻ならこうあるべき
母ならこうあるべき

こんな〝べき〟にやっぱりどこかで振り回されながら生きていたんだなと感じるのです。

〝自分は自分〟と思っていても、やっぱり世間の目が気になってしまう私がいました。

でも、ちょっとドキドキしながら「主婦業9割削減宣言」をした時、思いの外周りの反応は肯定的なものでした。

「私も主婦業削減したい」

「今まで手を抜くことに罪悪感があったから堂々と宣言してくれて嬉しい」

「良い情報があったら教えて」

など、同じような気持ちでいる人の多さに気がつきました。

そして、自分が世間体を気にしすぎていただけで、実は誰も他人のことなどそんなに気にしていないことがよくわかりました。

世間だけでなく身内だって、宣言してみたら拍子抜けな反応でした。

夫になんて「イライラされるのが嫌だから家事頑張らないで」と言われたりもします。夫からしたら、別に家を綺麗にしてほしいとも思ってないし、手の込んだご飯を作ってイライラされるくらいなら、手を抜いてニコニコしてくれてるほうがよっぽど良い、と思っていたんですね。それにもともと夫は〝仕事や目標に集中している私〟が好きで結婚を申し込んでくれたのに、自ら違う道に進んでいこうとしていたんだなと気がつきました。

子供たちだって、私が一生懸命家事をしていた頃よりも、ご機嫌な時間が圧倒的に多いのです。

夫が子供たちに「できることは自分でやるんだよ」と言ってくれることで、食べたものを下げたり、ちょっとしたことを手伝おうとしてくれることが増えました。

勝手に自分が頑張りすぎていたんだなと思うと、なんだか肩の力が抜けてしまいました。

確かに家を綺麗にしておきたいのも自分だし、家族の栄養が気になっているのも自分。

でも、**自分が頑張りすぎることで逆に家族に窮屈な思いをさせているとしたら、本末転倒**ですよね。

◆疲れていることを認めて、やらないと決める。まずはしっかり休もう

主婦業の負担って、何でしょうか。

- ☑家族に当たり前だと思われていること
- ☑名もなき家事が多すぎること
- ☑共働きでも業務が半分な気がしないこと
- ☑わかりやすく見返りがないこと
- ☑段取りから思考が奪われること
- ☑休日がないこと

☑次々業務が降ってくること
☑イレギュラーな対応が多いこと
☑終わりがないこと

ざっとこんな風に思いつきましたが、あなたはどんなところを負担に感じていますか？

毎日、「やることが多すぎる」といっぱいいっぱいになっていたり、「あれもしなきゃこれもしなきゃ」と脳がパンクしそうになっていたり、「何で私ばかり！」という感情になっているのであれば、それは疲れている証拠であり、主婦業削減を目指すのに大いに値する理由だと思います。

疲れている時って、前向きな思考になれないですよね。

私も精神的に追い詰められていた時のことを振り返ると、とっても疲れていたのだと感じます。

だからこそ休息を取って、休んだことで得られる感情を取り戻すことからはじめてみてほしいのです。

主婦業って、「休む」と決意しないと休めません。

次から次へと、流れるように新たな業務がやってきます。

家にいると、なかなか休めませんよね。
つい気になっていろんな作業をしてしまいます。
思い切って家以外のところでしっかり休んでみてほしい。
小さいお子さんがいるお母さんは、とてもハードルの高いことに感じるかもしれませんが、家族に頼んだり自治体のサービスなどを上手に使って、休息を取ることをおすすめします。

自分が休むために子供を預けることに、日本人は引け目を感じたりしますが、諸外国に目を向けてみると当たり前のことだったりするのです。

人間にとって休息はとても大事なことなのですから、休んだ後に思いっきり笑顔になればそのほうが良いですよね。

人が一番疲れる状態というのは、実は「あれしなきゃ」「これもしなきゃ」と思考が忙しくなっている時らしいのです。

毎日そんな感じじゃないですか？

主婦業を1日くらいしなくても大丈夫です。どうにかなります。

まずは「休む」を決めて、脳と心をリフレッシュ。

そのリフレッシュされた脳と心を思い出す体験は、とても大事なことだと感じています。

「休ませてもらったし、家族に何かしてあげたいな」という気持ちが自然に湧き出てくるかもしれません。

「いつもお仕事お疲れ様」と夫に言いたくなるかもしれません。

子供のわがままが急に可愛く思えるかもしれません。

面白いアイデアが降ってくるかもしれません。

ついつい良からぬことを考えてしまう時は、心底疲れてしまっているサインだと気づけるようになると、感情的になって、家族に言いたくないことを言ってしまって、後悔することが減らせると思います。

私自身も疲れきってしまっていた時は、ちょっとのことでイライラしてしまったり、言いたくないようなことを言ってしまったり、また思考そのものがとても後ろ向きになっていたりしました。

感情的になって行動に出ても、良いことってありませんよね。
また、感情的になって吐いてしまった一言で、家族関係の修復に何年もかかるケースだってあると思うのです。

私たちは日々意識の中に「主婦業」が常にあり、実際に手を動かしている以外の時間も頭の中で段取りをしたりしています。

いっぱいいっぱいになってしまったと感じたらまず休む。休むことに罪悪感なんていらない。

妻になったから、親になったからといって、休み不要のスーパーウーマンになれるわけではないと自分自身が知っておくことが、家庭内を循環していくポイントなのかもしれないと、私はこの「主婦業9割削減宣言」をきっかけに感じています。

◆家庭ごとにベストな人事は違う！〝一般的〟に合わせようとする必要なし

私が完全に行き詰まったと感じたのは、3人目を出産してしばらくしてからのことでした。

もともと仕事をしていることが好きなタイプの人間だったので、結婚出産後も当たり前のように仕事を続けてきました。

正社員として働いていた時期もありますが、大半は自営業者だったので、産前産後の数ヶ月以外は何かしらの仕事はするような生活でした。

現在も夫婦で運営する結婚相談所の仲人、セミナー運営、パラレルキャリア相談など複数のジャンルの仕事をするパラレルワーカーで、在宅フルタイムワーカーのような働き方をしています。

沢山の種類の仕事をしていると驚かれますが、基本的に自分のスケジュールで動ける仕事をいくつか組み合わせているだけなので、仕事が多すぎるという感じではありません。

在宅ワークの合間に少し家事もできたりしますし、仕事をしている時間は基本的に楽しく、恵まれている仕事環境だと感じています。

それでも、〝育児と仕事と家事〟この3つがかけ合わさると、パニック状態に陥ることも多く、「このままではいけない」と感じました。

そもそも私は、主婦業が得意かと聞かれたらそんなことはなく、独身時代は仕事に全集中して、家事は生命維持程度にとどめるか、もしくは実家で母がサポートしてくれた経験しかありません。

結婚してからは、料理だって洗濯だって、毎日のように繰り返すから、もちろんできるようにはなるけれど、その作業が大好きかと言われたらそうでもありませんし、ほとんどの作業は「仕方なく」やっていました。

「仕方なく」やっているから、作業効率を上げる努力もしないし、不便でもそのままにしていることが多かったので、とても効率が悪いことをしていたと思います。

家族が増えると家事が少しずつ増えていきましたが、抜本的な改革もせずに、結婚から9年の月日を過ごしていました。

なんとかなってきたのは、

・夫が育児には積極的だったこと

・夫もやろうと思えば一通りの家事ができたこと

この2点に尽きると思っています。

しかし3人目が生まれると、さらに家事が増え、子供にかかる時間も増える。

正直、夫婦で手分けしてもしんどいと感じる業務量が毎日山積みになっていきました。目に見えないような細かい家事がとめどなく流れてくるような日々に、夫に「あなたもやってよ」と言うことも増えていきます。

もちろん夫もいろいろやってくれているんです。

それでもやることがいっぱいで、自分も疲れていました。

私がギャーギャー言うことで、かえって夫のやる気を削《そ》いでたんだろうと今では反省しています（今もたまにやってしまいますが……）。

でも、その渦中にいる時は、冷静な気持ちではいられないですし、向こう何年間もこんな状況が繰り返されるのかもしれないと思ったら、途方に暮れるような気持ちになることも多かったのです。

そして、私が一番危機感を抱いていたのは、こんなにも可愛い盛りの子供たちが目の前

にいるのに、全く余裕のない自分の心の状態でした。

毎日やることが多すぎてイライラしたり、いっぱいいっぱいになっている間に、子供は成長していきます。もっと成長を喜んだり、楽しい経験を共有したり、ゆとりのある心で接したいと思っているのに、それができず毎日後悔をしながら眠りについていました。

そんな日々を繰り返す中で、私は、**「何かをやめないと無理だな」**と覚悟したのです。

そこで多くの働く母が最初に思いつくのは、**「自分の仕事をやめる、減らす」**という選択ではないでしょうか？

「はじめに」でも書いたように、私もそのことはもちろん考えました。

仕事を徹底的にセーブして、子育てと家事に集中する。

そうすると、同時に経済的に諦めなければならないことも増えていく。

子供の教育や経験にかけるお金や、家族旅行や外食などいろんなことを手放す必要が出てきます。

さらに〝働くことが好き〟な私にとって、それは苦渋の決断でもありました。

「それでも母親だから仕方ないのかな」そんな気持ちにもなっていた時、ある方から、全く違うアドバイスをもらいました。

「価値育《かちいく》」という個々の価値を発見して育てる取り組みや、「夢叶学校《ゆめかながっこう》」という夢を叶えるための学校を主催している山崎《やまざき》潤弥《じゅんや》さん。私たち夫婦がとても慕っている方であり、「こうあるべき」にとらわれない生き方や考え方にいつも刺激をもらっています。

当時、山崎さんのブログインタビューの担当をしていたご縁もあり、直接いろいろなお話を聞くことができました。山崎さんは「夢」を語るけれど、私は「夢」なんて思いつかないくらい日常に忙殺されていました。

その時に言われたのが、

「一度『やめたいこと』を全部書き出してみたら?」というもの。

「お金のこととか立場とか世間体とか、1回全部忘れて、『やめたいこと』をとにかく書き出してごらん」

そう言われて私はすぐに取り組んでみることにしました。

するとびっくり、私のやめたいことのほとんどは「主婦業」だったのです。

でもその『やめたいことリスト』を見て私は、

「そうは言ってもやめられない」

「私がやめたら家庭がまわらない」

と「やめられない理由」ばかり考えていました。

しかし、「家族を会社に置き換えたとして、パフォーマンスを最大限発揮させようと考えたら人事が大事だよね。嫌なことをやるより、好きなこと、得意なことをやったほうが良いよね。あなたが好きでもない主婦業をメインにやって、大好きな仕事をセーブするなんて家族にとって絶対に非効率」という山崎さんの言葉で目が覚めました。

確かに、好きでもないことを〝仕方なく〟やるより、好きなことでしっかり社会に貢献

やめたいことリスト

- 作りたくない日のご飯作り
- やりたくない日の食事の片付け
- 散らかった部屋の片付け
- 家族にイライラすること
- 物を探すこと
- 買ったことを忘れて食品を腐らせること
- 洗濯物を干したり片付けたりすること
- 掃除機をかけること
- 台所の排水口掃除
- 子供に早く宿題をやりなさいと言うこと
- 子供に怒ること
- いやがる子供に何かやらせようとすること
- 無意味なネットサーフィン

したほうが良いのではないか。
母だから、妻だから絶対にやらなきゃいけないと思い込んでいたけど、もしかしたらやめられるかもしれない。

そう思うと、目から鱗が落ちていくのを感じました。

自分で握りしめていた業務を1回俯瞰してみて、どうやったらやめられるのかを真剣に考えてみる。もしかしたらやめていけるのかもしれない。
「主婦業9割削減宣言」のは

じまりは、『やめたいことリスト』を書いたことなのです。

さぁ、あなたも書いてみましょう。

『やめたいこと』があれば具体的に書き出してみてくださいね。まず書き出すことで脳内の整理ができるはずです。

◆仕方なくやり続けるのは思考停止、どうやってやめられるかを考えるほうがクリエイティブ

「やめたい」と思いながら仕方なくやっていることは、思い切ってやめていくチャレンジをすることに決めました。「仕方なくやり続けるのは思考停止、どうやってやめられるかを考えるほうがクリエイティブ」という山崎さんの言葉に背中を押されました。

不便に感じていることを放置していたり、無駄な作業をそのままにしていたり、他に方法があるかもしれないのに何も考えずにやっていたのは、確かに自分なのです。

そのことに気づいた私が〝やめたいことをやめる〟ために、次にしたのは、**やめるためのアイデア出し**です。

例えば、やめたいことのひとつが「洗濯物を干すこと」だとしたら、やめるためのアイデアは、

☑乾燥機を買う
☑ドラム式洗濯乾燥機への買い替え
☑夫に干してもらう
☑毎日コインランドリーを使う
☑子供に干してもらう
☑家事代行をお願いする　　etc

現実的かどうかはひとまず置いておいて、アイデアは沢山出てくると思うのです。

その中で採用できそうなものを選んで、実行するための課題を考える、という作業をし

ていきます。

我が家の場合は、「ドラム式洗濯乾燥機への買い替え」という方法を採用することに決めたのですが、これを選んだ理由は、長年ドラム式に替えたいと思っていたこと、実際問題として家族が増えたことで、容量などそれまで使っていた洗濯機自体のキャパがもう家族の実情に合わなくなっていたことが決定打でした。

さらに、夫や子供だのみでは余計ストレスが溜まりそうという推測のもと、家電に代わってもらう方法を選んだのです。

そのためには予算をどこから持ってくるかということが課題に上がると思いますが、たまたまコロナ禍における家計支援対策で国民全員に配られた特別定額給付金があったので、これを当てることにしました。

このように**ひとつひとつの「やめたいこと」を課題に変えていく作業をする**のです。

もちろん中にはすぐにやめられないものも出てくると思います。

やめたいこと	アイデアリスト	課　題
例：洗濯物を干す	・乾燥機導入 ・ドラム式洗濯乾燥機買い替え（これに決定） ・夫に干してもらう ・コインランドリーに行く ・子供に干してもらう ・家事代行に頼む	・資金繰りをどうするか ・置き場所、サイズの確認 ・ランニングコストを調べる
あなたも書いてみよう		

我が家にも、すぐにはやめられないものがまだまだあります。

でも、すぐにできるのにやっていないこともあるはずです。

すぐにできることを実行に移していくと必ず前に進んでいきますので、騙されたと思ってはじめてみてください。

こうやって課題が明確になっていくと、「やめたい」と漠然と感じていたことが、いつか「やめられる」ものになり、どんどんやめていけるようになります。
この作業をするだけで、出口の見えないトンネルの中にいるかのように感じていた心が、驚くほど軽くなっていったのを覚えています。

さぁ、あなたも〝やめたいことをやめる〟ために次のステップに進んでみましょう。

◆お金を損するより、時間を損するほうが勿体無いのかもしれない

あなたはお金と時間、どちらを大切にして生きていますか?

そんな風に急に言われても、比べたことがないからわからないと感じるかもしれません。
でも実は、私が今回「主婦業9割削減」を実行していくのに一番意識しているのはここなのです。

例えば、3時間の家事をしてもらうことに6000円を支払うとしたら、どう感じます

か。自分もできることにお金を払うなんて勿体無いと感じるかもしれません。

例えば、買って1年も経っていない10万円の洗濯機を使っていて、干すのが大変だから、乾燥機つきの洗濯機がほしくなったとします。

今持っている洗濯機を売るとしたら5万にもならない。たった1年で半額以下になってしまう。さらに買おうとしているものは20万円する。

今買い替えたら、金銭的には明らかに損ですよね。

でも、毎日の洗濯を干す作業がなくなるとしたら、1日20分時間が浮くかもしれない。年間にしたら120時間以上浮くことになります。

さて、あなたはどちらを選ぶ？

正直言って過去の私は断然お金を選ぶほうで、自分の時間確保のためにお金を支払うことへのハードルがとても高かったのです。少しの距離でもタクシーに乗る人を見てすごいなぁと思っていました。

時間を損するという感覚よりも、「お金が勿体無い」と、金銭的なことが一番優先される思考だったので、時間を捻出するためにお金を支払うというのは、私にとってはチャレンジでもありました。

無意識でいると、つい、つい、金額で選ぼうとする。

つい、**自分の手間で値段を安くしようとする**。

だから私は「時間優先」を意識することに決めました。

まず意識をしてみるというだけでも変わると思います。

お金を損したくない、〝勿体無い〟の一心で自分の身を粉にしている主婦は、私だけではなく日本中に沢山いるのではないでしょうか。

私の場合**「時間優先」の意識に変えるだけで、自分の心の余裕が全く違う**ことに気づきました。

そして、心の余裕が違うと、夫や子供たちへの接し方も変わる。

そうすると、自然と家庭内も循環していくのを感じました。

自分が身を粉にして働いているのに、「私はこんなに頑張っているのに！」と、つい誰かを責めたくなったりしませんか？　私はそうなってしまっていましたので「時間優先」の意識で得られる心の余裕は本当に大きいと感じました。

そうは言っても家庭には予算があります。「予算が限られているから何とかやりくりしてるんだよ‼」と感じる方がいるのもわかります。

しかし、こう考えてみてはいかがでしょう。

家庭内の予算の組み方も抜本的に見直してみたらどうか？と。

今まで当たり前になっていた予算組みをゼロベースで考えてみる。子育てが大変なピークの期間だけでも予算組みを変えられないか考えてみるのです。時間を得たことで収入を得るチャンスになる可能性もあります。もっと言えば予算を考える前に、主婦業について家族全体で一度考えてみるのがおすすめです。

「そんなこと、うちの夫は受け入れてくれない」と思ったとしたら、それこそ思い込みかもしれません。

「どうしたら一緒に考えてくれるようになるかな」。そんな風に思考を変えてみれば、**解決策のアイデアって実は無数にある**ことに気づけると思うのです。

家族を戦力にできるよう、家族を巻き込んでいくために私が実践した方法は、4章で詳しく書いています。その前にどうかあなたが「我が家には無理」と実行する前に諦めないでほしいのです。

何事も「どうやったら実現できるか」と考え、その視点を忘れなければ、必ずあなたにとっての突破口が見つかると思います。

◆目標を「主婦業9割削減」にした理由

私が「主婦業9割削減宣言」をしてよく聞かれるのは、なぜ「9割」なのかという点と、残り「1割」は何が残るのかということです。

なぜ「9割」を目標にしたかというと、その理由は大きく2つあります。

1つは**大きな目標設定にしないと中途半端な改革で終わると感じたから**です。「9割」という大きな数字があるから、抜本的な改革をしようと思えるし、ひとつひとつの作業まで考えるようになる。ちょっとした不便をそのままにすることの積み重ねで自分の時間に余裕がなくなっていると感じたので、あえて高い目標を設定しました。

もう1つは、私が独身時代に仕事や何かで成果を出していた時というのは、そのことに「夢中」になっていて、家事はほとんどやっていなかったことを思い出したのです。仕事や目標に「夢中」になれる環境を整えたいと感じていましたので、思い切って大きく削減する目標を設定しようと思いました。

せっかく取り組むなら人生が変わるレベルの変化がほしいのが私流です（笑）。それに我が家の場合は、やりたいなと思いつつ、やっていなかったことを実行していければある程度の削減はできるだろうと最初に予想がついていたこともあります（これは自分があまり工夫せずに過ごしてきてしまったことの表れでもあります）。

10割削減ではない理由は、全部なくすのはそもそも無理だと思っているし、それを望んでもいないからです。

「9割」を目指しても「8割」で終わるかもしれない。
「9割」を実現しても「6割」のほうが自分には合っているかもしれない。

それは承知の上ですし、それで良いと思っています。まずは**自分が思う最大の数字を目標にすることで、人は目標を達成しやすくなる**ということ。

残り「1割」は何なのかと想像すると、おそらく現場監督やディレクション的な仕事なのではないかと思っています。

私はついつい自分の手を動かすことで、主婦業をやりくりしてきてしまったのだけれど、自分でどうにかすることの限界に気づいたのです。

人や家電に手を借りたり、家族が勝手に動く仕掛けを作ったり、そんな工夫をしないでここまできてしまった自分への反省がありました。家族をチームとして考えたら、監督が現場の作業に一生懸命になっていては、全体が見渡せませんから、良くないですよね？**もっと広い視野で見渡せるようにするためにも、作業はどんどん手放していく必要がある**と感じたのです。

だから私は「主婦業9割削減」を目標に決めました。

◆宣言するだけで心は楽になる

今から振り返ると、**「主婦業9割削減を目指します」と宣言した時点で、実は悩みの半分は消えていた**と思うのです。

業務はまだ減っていないけれど、なぜか心は軽い。

毎日ただこなす作業になっていた主婦業は、やってもやっても終わらない感覚で明るい未来が見えなくなっていました。

でも**削減すると決めて宣言したら、それは目標になり希望に変わる**。

さらに言うと、今まで何となくやっていた主婦業も、「どうやったら削減できるか」という視点が加わるようになり、全てが研究材料に見えてきました。

先にお伝えしておくと、**主婦業を削減するためには、一度真剣に主婦業に向き合う必要が出てきます**。何となく「こなす」だけでは削減できないんですよね。

業務に無駄はないのか、自分じゃなきゃいけないのか、家族が率先して動いてくれるようにするにはどうしたらいいか、そもそも必要のない業務もあるのではないか、どうすれば仕組み化できるか……そういう視点で作業してみることで、主体性が生まれ、嫌々だった作業にも面白みが出てくるから不思議です。

何事も「こなす」だけだとつまらなくなるということに改めて気づきました。

毎日こなしていた作業を研究材料に変えて、自分の人生に希望が持てるようになる、家庭内がもっと快適になり、家族が笑顔になる。

そんな様子を想像しながら自分の目標を決めて、宣言するとワクワクしてくると思います。

さぁ、まずは宣言してみませんか?
あなたは何割削減を目標にする?
空欄に目標の数字を書き込んでみましょう。

宣言「主婦業　割削減を目指します」

序章まとめ

- ☑育児、仕事、家事　全部やるのは無理難題
- ☑〝こうあるべき〟を捨てると見えてくる
- ☑イライラしたら、まず休もう
- ☑やめたいことリストで「やめたい」を「課題」に変える
- ☑「こなす」のをやめて全てを研究材料に
- ☑宣言するだけで心が軽くなる

1章

「名もなき家事」が主婦の時間を奪っている

◆〝主婦業洗い出し〟で削減できるものが明確になる

「主婦業9割削減」を考えた時、私がまずはじめたのは「主婦業洗い出し」です。

世にも有名な「名もなき家事」。そう、主婦業のほとんどに名前なんてついていません。

私は、まずは思いつく限りの主婦業を書き出してみました。

あなたも面倒くさがらずにやってみてほしいのですが、業務を小分けに書き出していくと、びっくりするくらいの業務数が書き出されます（笑）。

一例として、夜のキッチン片付けの一連の業務を書き出してみます。

☑お皿洗い（食洗機前の予洗い）

☑食洗機に入れられないものを分けて洗う

☑食洗機に皿を並べる
☑洗剤を入れる
☑食洗機の使用後に食器を食器棚に片付ける
☑シンクを洗う
☑生ゴミ処理
☑排水口掃除
☑食洗機メンテナンス
☑ふきんの管理
☑麦茶補充
☑麦茶ボトル洗い
☑水筒洗い
☑テーブル拭き
☑床にこぼれたものを拭く

こんな感じで、細かく項目を分けて書いてみました。こうやって目にすることで、どうやって削減するか考えることが簡単になりますね。ひとつひとつは小さなことなのだけれど、その小さな業務が山積みになって、時間を圧迫していることに気づきます。**何に時間を割《さ》いているのか、何を負担に感じているのか。**家族にお願いしやすいところはどこか、何か代用品で削減することはできないのか、そもそも毎日やる必要があるのかなど……。

全体の業務を一度俯瞰して見てみることからはじめてみましょう。

「見える化」すると解決策がわかりやすくなる。これは何事も一緒ですね。

◆〝当たり前〟を一度疑ってみる

主婦業の洗い出しをしていると、「これもなくしたい、あれもなくしたい」と、いろいろな感情が出てくると思います。

そこでやってみてほしいのが、**今まで当たり前にしてきたことを一度疑ってみる**こと。

なぜ〝当たり前〟に思っているのか、どうしてそう思うのかを書き出してみると、**たいして根拠がないことのほうが多かったりします**。

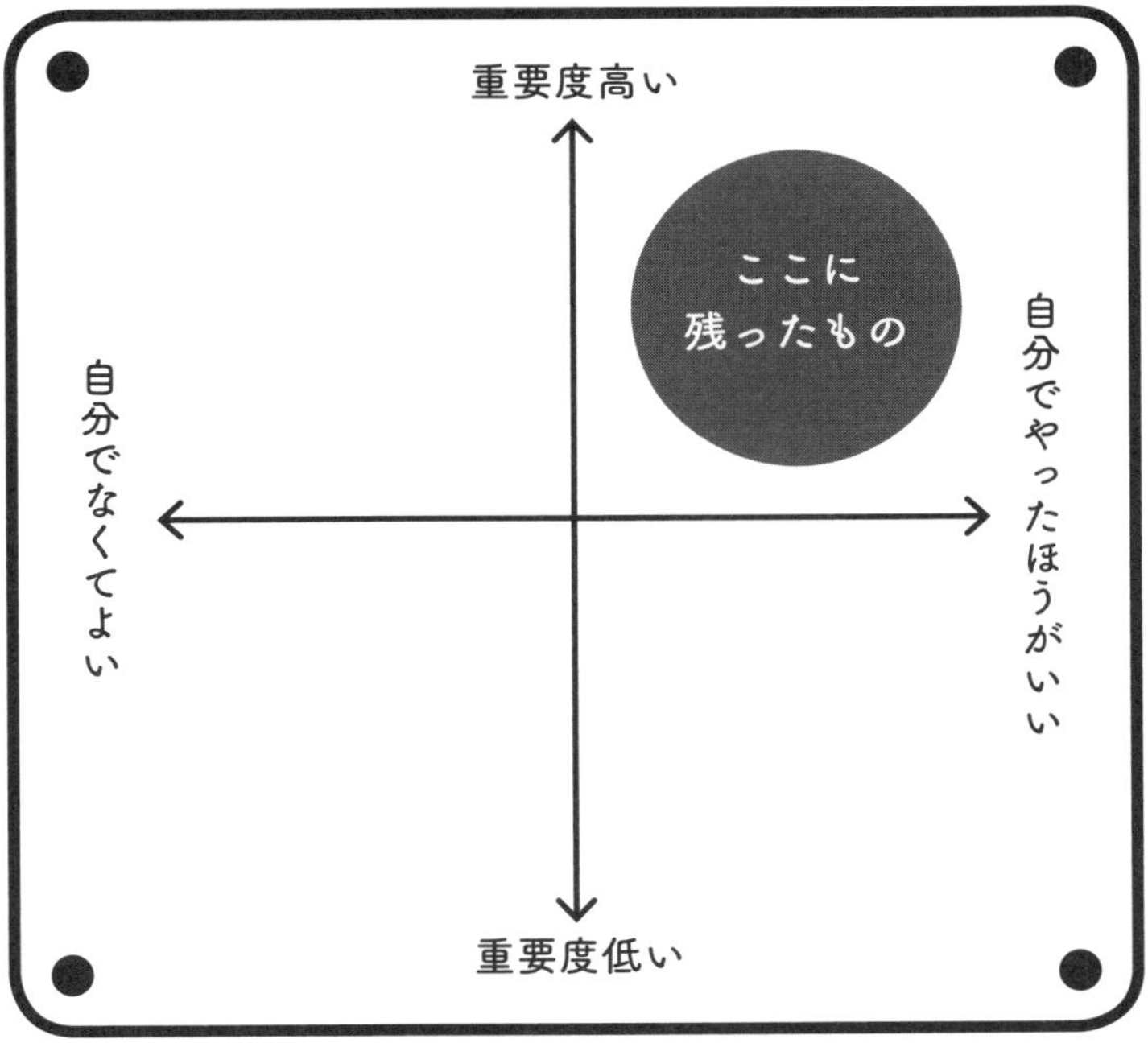

理由としてよく言われるのは、「ずっとそうやってきたから」「そういうものだと思っている」。これはまさしく、、、思考停止の状態です。

例えば仕事を変えた時、その業界では当たり前に行われていることに疑問を感じたりします。

でもずっと同じ職場にいると、それが当たり前になっているので気づかない。

我が家の主婦業もまさにそんな感じで、「何でこれをやるんだろう？」という視点が抜け落ち、慣習のようにやっていたことが沢山ありました。

「時代が変わってるのに、何でまだこんなことやってるの？」こういう疑問って、普段の生活の中で結構見つかりますよね。自治体のサービスだったり、学校だったり、会社だったり、政治の世界だったり……。

それは対象を客観視しているから見えることであって、いざ自分の家のこととなるとわからなくなってしまっていることも多いのです。

まずは〝当たり前〟を疑い、主婦業の総量を減らせないかを考えてみることがおすすめです。

その上で優先順位をしっかり決めていく作業をします。

重要度の高いもの、低いもの。

自分がやったほうが良いこと、家電や外注に変えられるところ。57ページの表を参考に書き出してみるとわかりやすいですね。

重要度が高く、自分でやったほうが良いことを優先する。

それ以外は何に変えられるか、そもそもやめられるものはないのか考えていき、自分の作業量を減らしていく計画をしました。

◆子供（夫含む）の「麦茶」コールからの解放

一生懸命ご飯を作ってみんなの準備をして、やっと座った——と思った時に「麦茶」と言われると、「自分でやってよ!!!」と思いますよね。

そう言われた子供は自分でやってくれようとするのですが、麦茶がボトルに満タンに入っていると4歳児には重いので、盛大にこぼされたりするわけです。

そうすると仕事が3倍に増えます（涙）。

そんなことを繰り返してストレスを溜めていた私は、この「麦茶」問題に真剣に立ち向かうことを決めました。

たかが麦茶、されど麦茶です。

麦茶問題ひとつ取っても、これに付随して結構なタスクが絡まってきます。

例えば、

☑麦茶の補充
☑麦茶ボトルの洗浄
☑子供たちの水筒の衛生管理
☑家族からの〝麦茶ちょうだい〟コール
☑麦茶のコップ洗い
☑(空きペットボトルの処理)

このあたりの業務は、余裕があれば何でもないことですが、日々やることが溢れている人にとっては「どうにかして削減したい」と思うようなところではありませんか?

少なくとも私は負担に感じていたので、どうにかしようと決めたのです。

どんな解決策があるのか。アイデアをいくつか出して、その中からチョイスすることにしましたので、実際に出したアイデアの一部をご紹介します。

アイデア1　ペットボトルのお茶にする

メリット→麦茶ボトルを洗わなくていい

デメリット→買うと運ぶのが重い、宅配だと保管時に邪魔、最初は重いので子供たちが扱いにくい、コスト負担が大きい、ペットボトルの処理という業務が増える

アイデア2　ステンレスのポットに麦茶を入れて食卓に置きセルフサービス化

メリット→各自扱いやすい、コストが安い、冷蔵庫のスペースに余裕ができる

デメリット→ポットのメンテナンスが面倒、氷を常備する必要あり

ここでも〝当たり前〟を疑ってみる。すると、そもそも麦茶である必要があるのだろうかという疑問が出てきました。

水分補給であれば水が一番優秀だと聞くし、麦茶のミネラル成分くらいなら他の食品から摂取できる。実際、小さい頃から子供に水しかあげていなかった知人の家では、水しか常備していませんでした。

ということで、水という選択肢を増やして考えてみました。

アイデア3　ウォーターサーバーを導入

メリット↓各自扱いやすい、温水も出るから電気ポットが不要になる、冷蔵庫のスペースに余裕ができる、備蓄水になる

デメリット↓コスト負担が大きい、サーバーとストックの水の置き場所が必要、付け替えが面倒

ストック型のウォーターサーバーだと水のストックの管理が家事負担になるけれど、水道直結型のものを選べば、水の置き場所にも困らないから良いかもしれない!!という風に、解決策を見つけていきました。

では次に、水道直結型のウォーターサーバーを導入するための課題を考えると、月々のコスト負担と置き場所があがってきました。課題が明確になれば、その課題をどうクリアしていくかを考えれば良いので、問題はどんどん簡単になっていきます。

月々のコストをどう考える？↓
浄水器が不要になるから、もともと使っていた浄水器のカートリッジ代がなくなる
なるべくマイボトルを持ち歩き、ペットボトルを買わないようにする
麦茶のパックを買わなくて良くなる
電気代が電気ポットの3分の1になる
紹介制度のポイント還元を活用できたらいいな

置き場所は？↓　電気ポットがなくなるからその分のスペースを使える

決めた!!　水道直結型のウォーターサーバーを導入して、その目の前にコップを置いてセルフサービス制にしよう。水ならコップもその都度洗わなくてもいいし、各自わかる色のコップ（食洗機可能で割れないもの）を用意して、1日2回の食洗機を使う時に一緒に洗おう。

将来的にまた麦茶に戻すことだってできるし、子育ての大変な今の時期こそ、こういったサービスに頼ろう。

こんな感じで決めていきました。

そして実際にこのシステムを導入した結果、

☑子供たちは好きな時に自分で飲める
☑飲むまでのアクションがとっても簡単で家族全員快適
☑来客時も自由に飲めて気兼ねない(自分も楽)
☑ペットボトル利用頻度が減り、ペットボトルの処理が大幅に減った!
☑水筒や麦茶ボトルのぬめりと戦うことがなくなった!

と、大きな効果を得られています。

ペットボトルの処理だって、名もなき家事の代表のようなものですよね。

ペットボトルのラベル剝がしの回数が大幅に減ったことは、私にとってとても嬉しいことでした。それから、炭酸好きな方は炭酸水メーカーも利用するとペットボトルが大幅に減らせますよ。我が家も導入して本当に正解でした。

こんな風に変えたことで子供たちが進んで自分の飲み物を準備してくれるようになり、

改めて今までのやり方は、子供にとって工程が多かったんだなと感じました。

冷蔵庫に重いボトルがあって、コップもしまってあって、飲んだらボトルを冷蔵庫に戻さなきゃいけなくて……。

実際アクション数を数えてみるとその差は歴然です。

冷蔵庫内に麦茶ボトルを入れた場合

①冷蔵庫を開ける→②ボトルを取る→③冷蔵庫を閉める→④コップを置く→⑤ボトルの蓋を開ける→⑥注ぐ→⑦ボトルの蓋を閉める→⑧冷蔵庫を開ける→⑨ボトルをしまう→⑩冷蔵庫を閉める

10個の工程がありました。

ウォーターサーバーにした場合

①コップをサーバーにセットする→②ボタンを押す

2個まで短縮されています。

子供が進んでやりたがる。

夫も進んでやりたがる。

そんな家にするためには、**〃いかに簡単にするか〃が大事**なのだと感じました。

ちなみに子供の友達が家に遊びにきた時も、使い方を教えたら、あとはセルフサービスでやってもらっています。

「こんなこと？」

そう、主婦業削減するって、実は「こんなこと」の積み重ねだと感じるのです。

◆〃動線〃で劇的に変わる主婦業の負担

動線を良くするだけで、日々の負担は激減します。本当です。

むしろ動線が悪いと、家は片付きにくいし、負担が5割増しと言っても過言ではないと思うのです。

何を隠そう私は小さい頃から間取り図が大好きで、好きが高じて不動産屋で働いていたこともある女です。

引っ越しも好きなので、今まで住んだことがある家は15軒、結婚してから住んだ家は9年で5軒になります（転勤族ではありません）。

おそらく同じ家にずっと暮らしてきたという人よりは、家の動線によって主婦業の負担が大きく変わることを体感してきていると思います。

ですから、これから引っ越す予定がある人は、絶対に動線を意識して住宅を選んだほうが良いし、引っ越す予定がない人でも、今の家の中で変えられることはないかを真剣に考えてみることをおすすめします。

なぜなら、**動線は1回見直すと、毎日繰り返し行う作業が劇的に楽になるから**です。

毎日10分の短縮ができると、年間で60時間になります。

毎日20分なら年間120時間以上です。

全てはチリツモですが、私たちはチリツモな業務に時間を圧迫されているのです。

☑食器を洗ってからしまう場所までの距離
☑掃除機をしまう場所
☑洗濯した衣類を畳んでしまう場所までの距離
☑料理の際に使う調味料のしまってある場所

こんな風に**毎日繰り返す作業の距離が最適かを改めて考えてみると、無駄なことが沢山あるかもしれません。**

我が家では、

・行ったり来たりしない動線確保

・動線最短計画

この2つの柱でものの位置を決めました。

特に我が家のように几帳面な人がいない家庭では、片付ける場所に対するハードルを下げることが大事だと感じています。「わざわざしまう」ことが苦手なので、みんなが自然にどこに置いているのかを見届けて無理のなさそうな場所に「荷物置き場」を設定するなど。

家族の動線も楽にするという視点を持つと、結果的に主婦業削減につながると感じています。

◆洗濯物収納動線最短化、洋服は1人3枚で足りるかもしれない

動線問題の中でも超重要なポイント、毎日の洗濯動線は快適ですか？

我が家の間取りは、洗面脱衣所に洗濯機置き場があり、その隣にお風呂場がある、日本の住居に比較的多い間取りです。

「主婦業9割削減宣言」を機に新調したドラム式洗濯乾燥機で、乾燥までを済ませています。

この洗濯機の話題については3章で詳しく触れますので、ここでは洗濯動線についてだ

けに絞ってお伝えします。はじめは乾燥を終えたものをリビングに運んで畳んでいたのですが、洗面脱衣所の中で終わらせたいと思うようになり、洗面脱衣所内にある収納棚に家族の一軍の服と下着を収納することに決めて、乾燥が終わったらその場で軽く畳んで振り返って各自のボックスに放り込むかたちにしました。

ズバリ、振り返るだけ動線の完成です！

それまでは洗濯物を畳むことはそこまで嫌いではないのですが、各自の収納場所までしまいに行くのがとても億劫で、畳んだところで挫折し、子供たちにぐちゃぐちゃにされて振り出しに戻るなんてこともありました（涙）。

今は一軍を洗面脱衣所、二軍以降やシーズンオフのものを家族全員分同じ部屋に収納しているので、あちこちに片付けることがなくなり、とても楽になりました。

さらに気づいたことは一軍以外の服をほとんど着ないということです（笑）。

乾燥機を使うと、2〜3時間で乾くので、実は洋服の枚数はそんなに必要ではなくなります。

洋服は各自3枚で本当は足りるんじゃ⁉と本気で思いました。
3枚は大げさですが、普段使わない服をいつも使う収納に入れておくと、毎回探す時に邪魔になるので、なるべく少ない枚数で管理したほうが主婦業は減らせますよね？

ちなみに我が家ではパジャマで寝る習慣をなくし、基本的に子供たちは明日着る服のベースを着て寝ています。そのため、全てシワにならない素材の服を選んでいます。神戸に住む人から「夜中の震災を経験した神戸の人はパジャマで寝ない」という話を聞いてもっともだと思い、取り入れてみることにしました。

我が家のお風呂は18時台に入ることがほとんどで、その後ずっとパジャマというのも不便でしたし、パジャマがないだけでも収納はスッキリします。

収納場所は子供の年齢が上がるに連れてまた見直す日が来ると思いますが、その頃には各自でできる年齢になっていますから、またその時に考えようと思います。

その時期に最適な動線をその都度考え直すことが、日々の暮らしの快適さに繋がるんじゃないでしょうか。

「洋服の一軍や下着を洗面脱衣所に収納するのは無理です」という方は、もしかしたら入る場所あるかもという視点もお忘れなく。

我が家が着替えの一軍を入れている収納も、おそらく洗剤やタオルのストックを入れる用途で作られた場所だと思います。でも私はそこに洋服の一軍を入れることにしました。

あらかじめ設定された用途に合わせる必要はありません。

また、タオルも家の中に沢山あったりしますが、実際に日々使う枚数を一度数えてみませんか。

そこに何を入れるのが最適かを、各家庭の暮らしに合わせて決めていけば良いと思います。

洗剤のストックと毎日の着替え。

どちらの使用頻度が高いかと考えたら、我が家では絶対に着替えです。洗剤のストックは月1度くらいしか出番がありません。そう考えると、**使い勝手の良い場所には使用頻度が高いものを入れる。**

これが鉄則だと感じています。

我が家のＴＶの下の引き出しには、現在は一番下の子供の二軍服が入っていたりします。本当はＤＶＤなどを入れるための引き出しだと思いますが、ＤＶＤを入れると子供にいたずらされるリスクもありますので、洋服を入れることにしました。

子供が小さいうちは着替える回数が多いので、リビングの近くに着替えがあると家事動線が楽ですよね。

この収納は○○を入れるために作られたものという概念を一度取り払い、ここには何があると便利だろうかという視点で収納場所を考え直してみると、同じ家に住みながら、動線は劇的に良くなったりするものです。

◆物選びから主婦業ははじまっている

物選びをする時点で、主婦業ははじまっています。

例えば食器もそう。

我が家の食器洗いは基本的に食洗機ですが、食洗機に入らなかったものや食洗機を使えないものに限り、手洗いをしています。食洗機がある場合はなるべく多くのものを食洗機で洗いたいですよね。

そうなると、食器選びから考えることが必要です。

食洗機、レンジ対応の食器を基本に集めるのはもちろんですが、我が家の場合は、日常食器の7割を耐熱ガラスの食器（耐熱ガラス保存容器）に揃えることにしました。

耐熱ガラスってすごく便利で、レンジでも使えるし、オーブンにも使える。

そして見栄えもそこそこ良い。


耐熱ガラスの蓋つき容器を使えば、余ったものの保存の時も蓋をして冷蔵庫に入れられるし、何を保存しているか一目瞭然なので、冷蔵庫の中で忘れ去られるリスクが激減します（しばらく忘れていたものの蓋を開ける恐怖とか……嫌ですよね）。

一度保存したものを再度食卓に出す時も、プラスチック保存容器だと若干手抜きに見えますが、耐熱ガラスだと普段の食器と一緒です。

洗う時も蓋ごと食洗機に入れられるので、もうそればかり〝ヘビロテ〟しています。

昔はプラスチックのものをよく使っていましたが、食洗機で形が崩れたり、カレーなどを入れると色移りしたり、意外と管理が大変ということに気づき、ほとんどのものを手放しました。

毎日使うものはしっかり厳選して、少ない量で回転させたほうが絶対に楽。

ちなみに、我が家では食洗機のすぐうしろの引き出しに、日常的に使う全ての食器を入れることにしています。ここも振り返るだけ動線ですね。

おしゃれで素敵な食器も昔は好きで集めていましたが、子育て中は使い勝手最優先で、なるべく見た目が好みなものを厳選することにしました。
そうやって**優先順位を決めて食器を見直すだけでも日々の負担は激減**です。

そう考えていくと、服選びだってシワにならないものを選ぶとか、乾燥機に使える素材を選ぶとか、扱いやすい鍋を選ぶとか、メンテナンスしやすい家電を選ぶとか、もっと言えば、メンテナンスが楽な家を選ぶことも大事ですね。
選んだ物で主婦業の量は確実に変わってきます。

だからこそ、**物を選ぶ時にはメンテナンスの手間まで考えて選ぶ、その手間をかけてもほしい物か一度俯瞰する癖をつけることが必要ですね。**

◆整理収納が苦手なら、頼るスキルでお家スッキリ

「主婦業9割削減」を考えた時、アクション数を減らしたり無駄を省くことを研究したりする中で、プロの話を聞いたほうが早いと思いました。そして、整理収納アドバイザーであり、『50点家事——めまぐるしい毎日でも暮らしが回る』（ワニブックス）の著者であるサチさんにお話を聞いてみて、決定的なことに気づいたのです。

サチさんは私と同じく3児の母。子育て中とは思えないスッキリしたご自宅は、3分で片付く家になっているということで、最短ルートな家事や無駄を省くアイデアがいっぱいのブログ（IEbiyori）は、私も大好きで参考にさせていただいています。

サチさんは整理整頓が小さい頃から大好きで、物心ついた時から常に「いかに効率的にするか、無駄を省くか」という視点を持ち、物事を考えていたというのです。自分の母親が家事をする姿を見て、もっとこうすればゆっくりお茶を飲む時間ができるんじゃないかと幼心に思っていたんだとか……。

「綺麗にしたい」がゴールじゃなくて、綺麗になっていることのメリットを常に考えているそうで、とにかく整理収納のことを考えるの大好きなんだそうです。

正直この話を聞いた時、**私とは思考回路そのものが違う、整理整頓が得意な人ってこういうことなんだと妙に合点がいった**のです。

私はそもそも整理収納が苦手なんです。お家が大好きなので綺麗にしておきたいのは山々ですが、保つのにいつも苦労をしています。

いつも鞄の中が綺麗な人とか、どの収納をあけても整っている家にとても憧れていますが、自分はなれないと悩んでいました。

整理整頓が得意な人のアイデアを盗もうと、いろんなSNSをフォローしていましたが、レベルが自分と違いすぎて自己嫌悪になることもあり、ほとんどのフォローを外したという経験もあります。

そう考えているうちに、自分で試行錯誤しながら収納を考えるのって時間が勿体無いんじゃないかということに気づいたのです。

家族の中に整理収納が得意な人がいる場合は良いですが、我が家には得意な人はいないと気づいた時、整理収納を一度プロに頼もうと決めました。

確かにお金はかかるのですが、一度使いやすい収納を考えてもらえればその通りに使えば良いし、無駄な収納ボックスを買うこともなくなる。それに、あれこれ試行錯誤する時間と、毎日の片付けに四苦八苦する時間を短縮できるはずだと考えたのです。

実際、プロの方に我が家の収納を見てもらうと、「これはここにあったほうが便利ですか?」という疑問を沢山ぶつけてもらうことになり、いかに自分が深く考えずに収納していたかがよくわかりました。

これは**自宅を客観視してもらって、「当たり前を疑う」視点を借りる大チャンス**なのです。

例えば私の場合、棚に100均などで売っているケースを使って整理する方法で収納していたのですが、そもそもケースのサイズが小さくて使いにくくなっているということがわかり、**教えてもらったサイズのケースに変えただけで、使い勝手がぐんと上がって本当に使いやすくなりました**。

あとは第三者に「これってとっておきますか?」と聞かれると、何でとっておいてたんだろうと自分でも感じる物が沢山見つかりました。

客観視してもらえると、自分だけで判断していた時より、物を処分するハードルがぐんと下がるのを感じました。

整理収納の基本は、「詰めすぎない」「不要なものは処分する」。それがわかっていても、1人ではなかなか基準が甘くなってしまうことってありませんか?

そんな人もプロに頼むと、棚も自分の気持ちも整理がつくと思います。

確かに他人にお願いするのは、少し恥ずかしかったです。しかし実際は一箇所見せてしまえば何とも思わなくなりました。むしろ他の収納もどんどん見せていく始末（笑）。

自分が恥ずかしいと思っていることも、オープンにしてみると全然大丈夫だったりするものです。

その一歩の勇気で、自宅が毎日快適に使えるようになるなら素晴らしいことですよね。

餅は餅屋じゃないですが、**家庭内も苦手な人が無理をして頑張るより、得意な人の力を借りる精神が大事**なんじゃないかと感じます。

近くにそんなサービスをしている人がいないという場合、プロに頼むということをしなくても改善できる方法はいくらでもあります。例えば親戚や仲の良い友人で整理収納がすごく得意な人っていませんか？

私はパッと思いつく限りで何人もいます。

その人から見たら、我が家の収納方法は改善点だらけだと思います。

恥を捨ててその人にお願いしてみる。お礼に返せるものを提案する。

それでOKをもらえることも普通にあると思うのです。「実は言いにくかったんだけど、前から気になってたんだよね」なんてこともあるんじゃないでしょうか。

人には得手不得手があって当たり前だし、主婦業だって得意な部分と不得意な部分で分かれますよね？

整理収納は得意だけど、料理は苦手なんて人もいるはず。

自分が料理は得意だとしたら、整理収納してもらうお礼におかずを沢山作るなど物々交換を提案しても喜ばれると思います。

自分だけで解決しようとするからうまくいかないんだということに気づけば、主婦業に明るい光が差してくるのかもしれませんね。

そもそも主婦業って、家庭内だけで抱えがち。友人が家事をしているところも見るような機会がないから、日々発展しないんですよね。

自分の中だけで試行錯誤し続けるほど非効率なことはないと早く気づいたほうが、人生お得かもしれないと心底思いました。

これからの時代に必要なのは〝頼るスキル〟、これに間違いないと思います。

◆子供のお支度、準備は自分を責めない心構えに

子育て中は、子供関連の管理物が沢山発生しますよね。

我が家は現在３人の子供が全員違う学校や幼稚園などに通っており、配布されるプリントの管理だけでもてんてこまい（笑）。

ちなみに、プリント関係に関しては、個人的には全てペーパーレスにしてほしいと思っていますが、我が家の子供たちはプリントを沢山持ち帰ってきますので、私なりの削減方法を考えました。

プリントはその場で目を通して、返事が必要なものはすぐ書く。今後必要そうなものは

スマホで写真を撮る。あとは捨てる。

これを基本にして、現物をとっておくのをやめました（幼稚園の先生が書いてくれた心のこもった手紙類は、後から眺めるのが趣味なのでファイリングしているものもあります）。

献立表も以前はリビングに貼っていましたが、結局各自の昼食の献立を把握して夜ご飯を決めることもできないので、1ヶ月貼り付けておくのはやめました（子供も献立表を気にして見ることがないため）。

毎日の子供の支度にも手がかかります。我が家の平日の朝の数時間なんて笑ってしまうほどバタバタです。

正直ここはもうちょっと改善できることがあるんじゃないかと思っています。もっと子供が自ら動くようにできたらと思うのですが、なかなかうまくいきません。

今は逆に、**子供に「やらせよう」と思いすぎないことで折り合いをつけています**。

早くから自立しているような子を見ると、つい比べてしまい、自分の子育てに自信をなくしてしまうことがありました。

でも最近は発想を変えました。子育ての専門家から聞いた、**「成長はそんなにヤワじゃない」**という言葉を信じ、悩むのをやめました。

仕事しながら子育てしていると、つい親が手を出して解決してしまうこともあり、自分が子供の成長の妨げをしているような気がしていました。「○歳なんだからこれくらい自分でやらせなきゃ」という気持ちが強くなればなるほど、子育てに自信がなくなっていったのです。

もちろん自分でやってくれるようになるほうが一番楽ですし、子供本人にとっても良いことなのはわかっています。

でも、下の子が小さいとできないことも多い。幼稚園の準備を自分でできるようにと子供の手の届く位置に置いたら、1歳児にどこかへ持っていかれてしまったりします。

また、下の子が生まれてから、上の2人が私に甘えたがることも増えました。

3人目の妊娠出産がちょうど長女の小学校の入学時期に重なったこともあり、もともと新しい環境に慣れるのに時間がかかりがちな娘は、小学校に入学してからもしばらく1人で登校ができず、私が教室まで送り届ける日が長い期間続きました。時には大泣きして教室前で別れることもあったほどです。少しずつ慣れたかなと感じると、GWや夏休みなど、長い休みの後は振り出しに戻ることを繰り返していました。

最初は登校に親が付き添っていた他の子も、1人で来るようになっている姿を見ると、焦りや心配な気持ち、自分の育て方の問題なのかなど、いろんなことに頭を悩ませてしまいました。また、ただでさえ忙しい朝、教室まで往復すると約1時間かかります。平穏な気持ちを保とうとしても難しく、私がいっぱいいっぱいになっていた時は、「しっかりしてよ！」とつい余計な一言を言ってしまうこともありました。

でも主婦業削減をはじめてからは、自分の心に余裕ができ、以前に比べると割り切った気持ちでいられるようになりました。

「いつか自ら行くだろうし大丈夫」。そういう気持ちで送り届けられるようになっていき、登校の時間も、娘とのコミュニケーションだと思えるようになりました。

そんな娘も、いつの間にか自分で行くと決め、今は友達と行ってくれる日が増えました。

親が周りに合わせて焦って自立させようと頑張らなくても、その子にとってベストなタイミングは必ず来る。それまで寄り添ってあげれば良いだけなんだと娘が教えてくれた出来事です。また「ついてきて」とお願いされた時は、ついていけばいいかな。それくらいの気持ちでいることにしました。

〝〇歳だからこれくらい〟というのは、その子にもよるし、家族構成にもよる。そう割り切って、**成長が周りよりゆっくりだとかそういうことに一喜一憂しない**ことを自分が決めた感じです。

いつか勝手に自立していってしまうんだし、手をかけてほしいと言われるうちはそこに手をかけてもいいかな。

でも、本人が〝自分でやりたい〟と自然に思ったタイミングでは、なるべく手を出さないように気をつけたいなと思っています。

そんな風に思えるためにも、私にとって「主婦業9割削減宣言」は大事なことなのだと思います。

1章まとめ

☑主婦業洗い出しで減らせる業務が見つかる

☑子供も夫も簡単なことしかやらないと心得る

☑動線の悪さで奪われている時間を甘く見ない！

☑高めるべきは〝頼るスキル〟

☑子供に〝やらせよう〟としすぎない

2章

主婦業削減の最大の難関！毎食の食事問題

◆「作らなきゃ」というしがらみからの解放

「主婦業9割削減宣言」をした時、一番の難関に感じたのは、やはり毎食の食事問題です。

自分1人のことであれば外食なりテイクアウトなり、適当に済ませることができても、家族5人分となると、コストや子供の栄養バランスのことなど、いろいろ気になってなかなか良い方法が見つけられません。

小さい子連れの外食ってすごく大変ですし、基本はやっぱりお家ご飯が最適なのですが、家で作ると盛大な後片付けも出るんですよね。

ご飯を作るだけならまだ良いですが、全員分の片付けが終わった頃にはヘトヘトになっていました。

かつての我が家の夕方から子供の寝かしつけまでの数時間は「気合」で乗り切る、私にとって超忙しい時間でした。とにかく作業をこなすだけで精一杯でした。

よく考えたら、家族が一番くつろぎたい時間なのに、母親がずっとせかせかしていたらとってもくつろぎにくい家ですよね。

家族のためにと頑張ることで、家族が窮屈な思いをするのは本末転倒。お母さんにもゆっくりしてほしい、それが家族の本音だったりします。

前述の山崎さんに言われたもうひとつの言葉が、「嫌々作るお母さんのご飯って迷惑」です。

なんて失礼な言葉でしょう。
嫌々でも作っているのに!!

でも冷静に考えてみると「そうなのかもしれない」、と思い直しました。
嫌々ご飯を作った場合、見返りを求めたくなります。
「美味しい」とか「ありがとう」とか言ってもらいたくなる。

無言で食べていたら「なんか言うことないの？」と聞きたくなるし、残されたら怒りたくもなる。

そんな風になるくらいなら作らないでほしいと私でも思う気がしたので、**嫌々作るくらいなら作るのをやめよう**と踏ん切りがつきました。

もちろんいきなり毎日作らないというのは難しいですし、自分も余裕がある日に食事を作るのは特に嫌でもないのです。

切羽詰まった状況の中でも作らなきゃと思い込んだり、作らないと罪悪感を持ったり、一汁三菜が基本だと考えて品数を出すことにこだわるのはやめようと決めました。

買い物から調理、片付けまでの一連の作業。

これが毎日積み重なると、人生の大きな時間を要することになります。

全部ひっくるめると夜ご飯だけで1時間半〜2時間かかっていました。

ここを圧縮できたら、心の余裕が大きく変わる可能性があります。

作るにしても、後片付けのエネルギーまで計算して作る必要があると考え直したのです。

◆「そのままでは悪い」という謎の罪悪感からの脱却

私が最初に試したのは、

☑品数を見直す

☑シンプル調理を心がけ無駄に手を加えない

ということです。

あれこれ手を加えていた習慣を手放し、なるべく素材のまま出すということをやってみました。

焼き芋とか、じゃがバターとか、ブロッコリーを茹でるとか、トウモロコシをレンジで温めるとか、お肉をそのまま焼くとか、なるべく素材そのままを1品にする。

そうすると、子供たちには意外とそのほうが好評だったんです。

今まであれこれ手を加えていたのは、〝そのままじゃ悪い〟という謎の罪悪感と戦っていたのかもしれないと気づきました。

また、作るのにかけた時間と家族の反応は全く比例しないんですよね。

工夫して何かわからなくなった食べ物って、子供にとっては、ちょっと怖かったのかもしれません。

シンプルにすると作るのも簡単ですが、洗い物も減ります。

なんだ結構いけるじゃんと思いました。

それから、引越しをした時に1週間くらい包丁が見つからなかったことがあるのですが、その時何かを切りたいと思っても、包丁がないからどうしようかと考えるんですよね。

キッチンバサミを使って切れるものは沢山あって、キッチンバサミを使うとまな板を使わなくて済むので片付けが楽です。

ブロッコリーなら割《さ》くという手もありますし、新鮮なきゅうりを友人にいただいてどうしようと考えた時、バキッと割って子供に渡してみましたが、美味しそうに食べていました。

これは極端な話かもしれませんが、いつも当たり前にやってることをちょっと考えてみると、**わざわざやらなくても良いことまでやって、作業を増やしていることって大いにあると感じませんか？**

◆そこまでして野菜を食べさせたいのはなぜなのか

子供には、野菜をいっぱい食べてほしいですよね。

何でもバランスよく食べてくれると安心しますよね。

そうは言っても、好き嫌いがない子ってそうそう見ないですし、自分自身もどうしても食べられないものがあります。

さらには、大人になると味覚が変わると知っているのに、なぜ母という生き物はこんなにも不安になるのでしょうか。

野菜を細かくしてなんとか食べてもらおうとしてバレた時の悲しみ。
あれこれメニューを考えて作ったのに残された時の悲しみ。
給食では食べると言っていたのに、私が作ったら食べなかった時の悲しみ。

いろいろ悲しいですが、私はそれを延々と繰り返していました（涙）。

そこで一度、冷静に考えてみました。
そもそも、そこまで必死になって食べさせて、それで取れる栄養素ってどれくらいなんだろう、と。

よく考えたら、我が家では、私も含めて確実に栄養補給できるものとして家族全員が日常的にサプリメントを取り入れています。
子供にサプリメントというと抵抗感を示す人も多いですが、アメリカではサプリメント文化は発達していますし、品質の良いものを選べば栄養補給という観点ではとても優秀です。偏食期の子供でも基本のビタミン・ミネラルを効率良く補給できるという安心感にも繋がっています。

それでも私はどうにかして子供にいろいろな野菜を食べてほしくて、試行錯誤を繰り返していました。スーパーで買ってきて、数日冷蔵庫で放置していたような野菜であれば、栄養価も落ちてきているでしょうし、少し食べたところで健康にそんな良い影響もなさそうですが……。

自分自身が安心したい気持ちもあって、必死に作っていたのが大きかったと思います。私の場合、息子が毎日納豆ご飯を食べたがるのを、他のおかずをいろいろ作って阻止するなんてこともしていました。

これも、バランス良く食べてほしいという思いが強すぎたのだと思います。

でも**子供は給食などで少しずつ食べられるものが増えていったり、そんなに必死にならなくても食べるものがいつの間にか増えていたりする**と今は感じています。

もちろんバランス良く食べてくれるのに越したことはないですが、過度に神経質になったり、罪悪感を持ってしまうよりも、**寛容さを持って、美味しいねと笑っているほうが圧倒的に健康的**だと思うのです。

そんな風に寛容に考えるようになったら、とっても楽になれました。

◆冷凍食品やミールキット活用、作り置き代行も

今の時代、活用しようと思えば数々の便利アイテムがあるのに、私は手作り信仰が強かったのか、研究する気もなかったのかわかりませんが、大して料理上手でもないのに、作れる日は、なるべく手作りで何品か作っていました。

でも、**よく考えたら料理の準備や片付けが大変で疲弊しているのであれば、子育ての大変な時期だけでも考え直しても良い**ですよね。

かつての私は、冷凍食品＝手抜きみたいな罪悪感がどこかにあり、うまく活用できておらず、お弁当に使うことはあっても、夜ご飯に使うということはほとんどありませんでした。

夕食のメニューに困った日に外食したり、お惣菜を買ったりはするのに、冷凍食品は取り入れる習慣がなかったという感じです。

それゆえに冷凍食品の進化にも気づいていませんでした。

しかし改めていろんなものを試してみると、ヘタに作るより美味しいものも多数。

よく考えたら自分が作った料理でも保存する時には冷凍するんだから、冷凍食品ってもっと身近に使って良いものなのではと思い直してからは、ありがたいアイテムとしてフル活用させてもらっています。

よりナチュラルなものを選ぶこともできますし、取り寄せの冷凍食品なんかも面白いですよね。

6章でも書きますが、フランスでは冷凍食品を使って料理をするのが当たり前になりつつあり、冷凍食品専用のスーパーが人気なんだとか。冷凍技術が発展した今、私たちの食卓にもっと身近に冷凍食品があっても良いかもしれないですよね。

あとは、少し割高になっても、すでに材料が切られているミールキットもすごく便利です。とりあえず献立を考えなくて良いのも助かるところですし、調理が圧倒的に簡単になります。

平日は子供たちが帰宅してからのバタバタ感がとんでもないですから、ちゃちゃっと作れる物はやっぱり助かります。

それから、作り置き代行サービスを活用するなんて手もありますね。

私も試してみましたが、在宅で仕事をしている間に、ご飯を大量に作ってくれるって本当にありがたいと感じました。

調理済みの料理で冷蔵庫が満タンになり、野菜たっぷりのお料理を数日間堪能できて、心が癒されました。

単純に人が作ったご飯を食べられるって幸せですし、自分では作れないメニューなんかも作ってもらえるので、良い代行パートナーが見つかると本当にありがたいサービスだと思います。

また、ウーバーイーツをはじめ宅配のシステムも活発になってきていますし、今は選択肢が山ほどあります。

何がフィットするかは各家庭の家族構成や、ライフスタイルによると思いますが、〝**手間暇かけることが愛情**〟**という考え方を捨ててしまえば楽になります。**

愛情は手間暇以外でも表現できるし、手間をかけてイライラしているとしたら、それは本当に家族にとって良いことなのか、一度考えてみても良さそうです。

◆調理にも家電利用で負担減。出汁と調味料にはこだわろう

今は、電気で使える調理器が市場に沢山出ていて、使いこなすととっても便利ですよね。

私も電気調理器を沢山愛用しています。

例えば電気圧力鍋。

何が良いって材料を入れたらあとは〝ほっておける〟ということです。

特に小さいお子さんがいるご家庭には本当におすすめなので、早めに取り入れてみたら良いと思います。

材料を入れたらボタンを押すだけで美味しくできるし、基本失敗がありません。

私が買った電気圧力鍋は1万円台でしたが、それでもとっても美味しくできますし、野菜が柔らかくなるので子供たちにも好評です。


それから私のように料理が特に得意でないという人は、**出汁《だし》と調味料を厳選することがおすすめです**。出汁と調味料さえ美味しいものを使っておけば、料理の腕はそこまでいらないのかもしれないと思うほど、失敗がなくなります。

それに、具沢山の味噌汁があれば、立派な一品ですよね。

ご飯とお味噌汁はある。しかし、おかずが……という時、困ったら「おにぎりパーティ」です。なぜかパーティとつけるだけで、子供たちは大はしゃぎ。自分で握る楽しさもあってか、普段のご飯よりもむしろ喜ばれます（笑）。

私の友人の中には、４人の子育て中、毎日ホットプレート調理にしていたという方もいました。ホットプレートと材料を出しておく。そうすると自然に子供たちが切ったり、並べたりを手伝ってくれたそうです。

「手伝って」と言うよりも、自然とやりたくなる工夫のほうが効果的ですよね。

我が家には1歳児がいて、今はまだ扱いにくい時期ですが、もうちょっと成長したら、毎日ホットプレートもアリだなと思いました。

◆〝家族全員で食卓を囲むべき〟は思い込み

家族全員で食卓を囲む。

ＴＶで「サザエさん」を見て育った私たちは、その光景が当たり前であり、一番の家族団欒の時間だと思い込んでいるのかもしれません。

私は間違いなく思い込んでいました。

だからなるべくみんな同じ時間に食べさせようとしていたし、私も一緒に食べていたのですが、よく考えたら、**一緒に食べようとするから忙しいのだ**と気づきました。

家族団欒がご飯の時間しかないご家庭では、そこにこだわることは良いかもしれません。しかし我が家の場合はまだ子供が小さく、**ご飯の時間に団欒しなくても、一緒にいる時間は沢山あることに気づきました**。

それから、自分が一緒の時間に食べようとするのをやめ、子供たちがすんなり食卓に来る時間に食べてもらうことを試したら、とってもスムーズでした。

おすすめは、自分が先に食べてしまうこと。

お腹が満たされると心の余裕が違いますよ（笑）。

もちろん子供がお腹ペコペコだったら与えることに集中しますが、他のことに気が向いていたり、特にお腹が空いていなければ必死に同時に食べさせることをやめてみました。

自分が子供と同じタイミングに食べていないと、何か要求された時にイライラすることもありません。

むしろ一緒に食べていないほうがコミュニケーション取れるかも!とすら思いました。

週末の外食の時やおやつの時間など、コミュニケーションを取る方法っていくらでもあるのに、頭が固くなっていたんだなぁと改めて思ったのです。

◆ご飯作りをやめたら、子供の大事な話を聞けた

子供の話を聞くのが目的であれば、お母さんの作業量はできる限り少ないほうが良い。お母さんに余裕があれば、子供は学校での出来事をもっと話したくなるのかもしれないと思った出来事があります。

「主婦業9割削減宣言」をしてから、いろいろな食事スタイルを模索していた時のこと、その日は「お弁当を買ってくる」というのを試していました。

小学生の娘が習い事をはじめてから、娘だけ違う時間にご飯を食べる日があったのですが、以前はおかずも品数を作っていましたので、夕飯時は調理と片付けに追われていました。しかし、その日はお弁当を買ってきたので、これらの作業がほぼなかったのです。他の家事も特にやることが見当たらなかったので、娘が食べている横で私は晩酌することにしました。

普通の会話をしていただけで、私が何か聞き出そうとした訳ではないのですが、娘が急に「あのね……」と話しはじめたのです。

最近こんなことがあり学校で困っている、悩んでいるという内容でした。娘は学校などの環境が変わると少し不安定になることが多く、通学の際、学校への付き添いが必要になっていた時期だったので、何に困っているのか聞けたのは、とても重大なことでした。

普段は私から聞いても「わからない」と答えることが多かったので、言葉になって具体的に悩んでいる内容を知ることができて、親として安心しましたし、一緒に解決策を考えることもできました。

これって、一緒にのんびりしていたから聞けたことなのかもしれません。

普段の私は、時間に追われて家事に一生懸命になりすぎていて、子供が「話そう」という気になれなかったのかもしれないなと反省しました。


子供との時間を大切にしたいと思っていても、日々のルーティーンに追われているうちに寝る時間がきてしまうなんてことはないでしょうか？

そんな風に感じている方は、たまには「お弁当」も良いですよ。

作る準備もなくなりますが、片付けもほぼないですから。


この体験から、**私は主婦業削減をしていく中で生まれた時間の一部を、子供と純粋に楽しむ時間にしようと決めています**。

3人の子供と個々の時間を持つようにしたいと思うのです。

家でカラオケしたり、図鑑を一緒に読んだり、子供がはまっているTV番組を一緒に鑑賞したり、一緒にダンスしたり……。

小学校低学年の間は子供の寝る時間も早いですし、習い事や宿題もあったりすると、平日はなんだか「こなす」だけの夜時間になりがち。

主婦業をあえてやらない日を決めるって大事なことかもしれないですね。

私の友人は〝プレミアムフライデー〟と銘打ち、ママ友と連携して、各自の家でカレーだけを順番で振る舞うイベントを定例で行っているんだとか。

カレーだけだから招くほうも気軽だし、大人も子供も楽しいから、金曜の夜にリフレッシュされていると聞きました。

子育てって、お互い協力し合えばとっても楽に過ごせることとって多いですよね。

このプレミアムフライデー企画は隔週でご飯を作らなくて済む、金曜日は脱力して大人も子供も楽しめるってすごく良いなと思いました。

週に一度は〇〇の日と決めて、「あえてやらない」ことで親子の仲が深まることもあるのではないでしょうか。

2章まとめ

☑嫌々作るお母さんのご飯は迷惑

☑作るのにかけた時間と家族の反応は比例しない

☑手間代払って家族の笑顔を増やす

☑「ご飯は一緒に食べるべき」も思い込み

☑ご飯を作るのをやめたら家族の時間が増えた

3章

働く主婦にとって最新家電は投資のしどころ

◆家電を見直すだけで3割削減

「主婦業9割削減宣言」をして、私が最初に手をつけたのが「家電変更」でした。

私は**家電の見直しだけで主婦業が3割減った**と実感しています。

今すでに使っているものの種類にもよりますが、家電は私たち主婦の作業を代わってくれる優秀なパートナーであることは間違いありません。

過去の私のように、家電の買い替えが苦手（壊れるまで勿体無くて買い替えできない）とか、家族構成が変化して、使いにくくなったと感じているのに放置している人には超即効性がある方法です。

家電の購入には初期投資が必要です。しかし、**時間を買うと考えると確実に回収できる投資**です。最新のものは電気代が安くなる省エネ性能がついていたりもしますし、浮いた時間で仕事をするのも1つの手ですよね。

最初の投資額のことだけでなく、ランニングコストや浮く時間など、総合的に考えて導入を検討することがおすすめです。

かつての私は家電に特に興味がなく、高い家電とは無縁の女でした。買い替えの時も安ければ〝型落ち〟を選ぶ人間でしたし、新しい家電なんて大差ないでしょくらいに思っていました。

そもそも説明書を読むのも嫌いだし、新しい機能なんて使いこなせないと本気で思っていたのです。

でもテクノロジーの進歩って年々早くなっているんですね。

今回いくつかのアイテムの買い替えをして感じたことは、家電を壊れるまで使っていたら、時代の進歩に気づかないかもしれないということ。

そして、私のように機械音痴な人のために、**昔よりも操作がわかりやすく作られているもの**が多いです。

家電メーカーの企画開発の方々が昼夜研究を重ねているんだから、当たり前ですよね。

「ロボットより自分のほうが優秀に決まっている‼」と頑なに思い込んでいましたが、**主婦業の苦手な私がやるよりも、基本ロボット任せにしたほうが確実にクオリティが高い**ことがよくわかりました。

「主婦業9割削減」を目指すということは、自分が抱えていた作業を手放していくこと。

それを何に置き換えたら良いのか。

家族なのか、家電なのか、外注なのか。

自分で抱えるというのは、実は〝他力〟を信頼できていないということでもあると感じました。

もっと〝他力〟を信じても良い。

もっと〝AI〟を信じて良い。

私たちの作業を楽にするために、日々家電は進歩してくれていると思うともっと信じてみたら私たちは解放されるのかもしれませんね。

◆たかが洗剤、されど洗剤、「そのくらい自分でやる」を手放した

1章でも述べたとおり、「主婦業9割削減宣言」をして最初に買うと決めたのが、長年悩み続けた〝ドラム式洗濯乾燥機〟です。ドラム式洗濯乾燥機のことは気になっていたものの、そのままうやむやにして数年が経っていました。

第一子出産のタイミングくらいで買った縦型の8キログラムの洗濯機では、毎日の洗濯が1回では終わらなくなっていましたし、何より大量の洗濯物を干す作業から解放されたかったのです。

家電に疎かった私が家電量販店で物色しながらも一番気になったのは、そのお値段。10キログラム以上の容量で乾燥機能つきのものだと、最安値でも18万くらいから高いと30万超えまで、いつから洗濯機ってこんなに高くなったんだよと身震いしていました。

一応、ドラム式をすでに導入している人から情報は聞いていたので、「シワになりにく

くて、乾燥が早いのはどれですか」と店員さんに聞いてみました。
すると店員さんはやはり最新機種のものをおすすめしてくれて、「今はＡＩで洗剤を自動投入してくれるものが人気です」と教えてくれました。

値段を見るとやはり高い。

しかも「洗剤の自動投入？　そんなことくらい自分でやるよ」と私は思わずそう思ったのですが、隣から夫に、「これにしなよ。主婦業９割削減するんでしょ？　洗剤を自分で入れてる場合じゃないでしょ」というもっともなアドバイスをされ、おすすめされたモデルを購入することにしました。
私にとって高価な買い物でしたので、とても勇気がいる決断でした。

実際、洗濯機を使って感じたことは、「早く買えば良かった」「今まで何してたんだろう」ということです。
それくらい、日々の洗濯物を干す作業がなくなるというのは私にとって革命的なことでした。

大げさではなく、「人生の時間」をすごく得した気分になりました。

6章で紹介する海外の主婦事情の取材で気づいたのですが、乾燥機を使うことが当たり前で、洗濯物を干す文化がない国も多いんですよね。

お天気の日に干したふわふわは確かに気持ち良いですが、乾燥機もふわふわで気持ち良いですよ。


家電購入で自分の時間を買うということに関して言えば、一番簡単に時間を獲得できたのが、ドラム式洗濯乾燥機の導入だと思います。

たいして期待していなかった洗剤の自動投入機能も思った以上に便利で、すでにもう自分で洗剤は入れたくないと思うレベルです。

洗剤を自動で入れてくれるのもありがたいけれど、洗剤ボトルを置かなくて良くなったこともすごく助かっています。詰め替え用の洗剤をそのまま洗濯機の自動投入口に注ぐだけなので本当に楽チンです。

改めて感じたのは**主婦って「こんなことくらい自分でやる」の積み重ねで時間がなくなっているんだな**ということ。その作業がなくなってみて、はじめてわかることもあるのだと感じたのです。

これって「9割削減する」という目標がなければ見過ごしていたレベルの主婦業です。**「そんなことくらい自分でやる」を手放していくことで新たな世界が見える**かもしれませんね。

◆掃除はロボット任せ、「あとで」と言わないのが最大の価値

お掃除ロボットはすでにだいぶメジャーになり、使っているご家庭も多いのではないでしょうか。

我が家ではロボット掃除機とロボット床拭き機を使っており、とても頼もしい存在です。

しかし、まだ使ったことがない人からすると少しハードルが高いのもわかります。いろいろ散らかっているから、片付けるのが面倒ではないかとか、本当に隅々まで掃除してくれるのかとか、想像すると自分で掃除機をかけてしまったほうが早いかななんて思う人もいるでしょう。

でも実際に使ってみると、自分で掃除機をかけるより確実に綺麗にしてくれるし、家もだんだんロボット掃除機仕様になってくるものだなと感じます。

中には、椅子もロボット掃除機仕様で買い換える人もいると聞きます。

我が家のロボット掃除機を見て購入したという友人宅では、買う前は床のおもちゃの心配をしていたのですが、ロボット掃除機に名前をつけて「○○くんの通り道がないから、通り道作ってあげて」と言うことで、子供たちが床に散らかった物をすぐに片付けてくれるようになったんだとか。

床に物がないだけで本当に気分が違うと喜んでいました。

さらに**ロボット掃除機の最大の価値は、「あとで」と言わないこと**です。

なんなら電池が切れるまで一生懸命隅々まで掃除する姿に、「お疲れ様」と言いたくなるほどです。

1日1回、リビングの床がリセットできるだけでも気分が全然違いますよね。

ただ、子供が小さいと、ちょっとした汚れが日々出るので、それはその都度コードレス掃除機やフローリングワイパーで対応するのがベストだと思います。

ちなみに我が家が毎日ロボット掃除機をかけるのはリビングだけ。

他の部屋のお掃除頻度は週1、2回。メインで過ごすお部屋だけ1日1回スッキリすれば、後は大目に見る精神で生きています。

掃除をしてくれている間、私はパソコンに向かって仕事ができます。

別の仕事中にお掃除を代わってくれるんですから、本当に助かります。

掃除のためにかけていた時間を、自分がしたかったことをする時間に変えられる。

例えばそれが10分だけだったとしても、その10分間でできることって、結構あります。

本を読んでも良いし、昼寝するのだってあり。

今はとってもお手頃な値段でロボット掃除機が手に入れられるので、戸建てに住んでいるある友人は各階に設置しているほど。

家族に頼んで「あとで」と言われるよりも文句を言わずにお掃除してくれるロボットがあなたの心を癒してくれるかもしれませんね。

◆調理家電フル装備で食事作りが楽になる

あなたが自炊の負担を減らしたいと考えるならば、調理家電を見直すことでそれは叶うかもしれません。

2章でも書きましたが、今は電気調理器が沢山出ていて、お手頃な値段のものでも、美味しくほったらかし調理ができてしまうのです。

料理のポイントって〝火加減〟だと思うのですが、この〝火加減〟が私にとって難関だったんだと感じました。

だって、ガスで調理するとしたら強火、中火、弱火って結構アバウトですよね？　失敗して鍋を焦がした場合には〝鍋の掃除〟という面倒な業務が発生してしまいます。

我が家は３口のガスコンロがありますが、なるべく電気調理器を使うようにしています。細かく温度設定できるＩＨの調理台も持っているので、なるべくそちらを使います。火加減が確実で失敗がないし、タイマーも設定できるし、鍋の取っ手も熱くならないですしね。

何か食材を細かくしたい時はフードプロセッサーを使いますし、煮物などを作るなら電気圧力鍋で簡単に美味しくできます。

野菜の皮も柔らかくなるので、じゃがいもや人参なんかは皮ごと入れてしまって大丈夫なのです。

調理家電って確かに場所を取るというのはありますが、こんなに優れたものを使わない手はないなと思います。

フライパンや鍋の数を見直して調理家電を入れても良いのでは？と思うほど便利です。

知り合いで3人子育て中のワーキングマザーの方は、コロナ禍の外出自粛で家事負担が増えたことをきっかけに、調理家電を新調して、電気圧力鍋で一品、オーブンレンジで一品、炊飯器で一品と、料理にガスを使わないようにしたらすごく楽になったと話してくれました。

ほったらかし調理になれば、調理している時間に他のことができますからね。

最近の私のお気に入りアイテムは、トースターにノンフライ機能がついたもの。

子供がいると揚げ物の出番が多くなりますが、主婦にとって揚げ物は大仕事ですよね。かといってお惣菜だと買ったタイミングによって味の差がありすぎてがっかりすることもしばしば。

そんな時に冷凍食品をノンフライすることにしたら、お惣菜を買いに行くより楽に美味しく食べられて、ものすごく重宝しています。

子供が小さいと、揚げ物の時って安全確保だけで至難の技ですし、使った後の油の処理も骨の折れる作業でした。我が家では揚げ物をするならノンフライヤーにして、天ぷらなんかはお蕎麦屋さんで食べるものと割り切っても良いかなぁと今は感じています。

◆今使っている家電も機能の見直しをしてみよう

最新家電の導入といっても、あれもこれも一気に導入できるわけではないし、置き場所にも限度がありますよね。

そこで一度試してほしいのは、**今ある家電の機能の見直し**です。

私のように説明書嫌いな人であれば、便利機能を沢山見逃している可能性が大いにあります。

炊飯器でもいろいろ作れるメニューがあったり、オーブンレンジにもほったらかしのメニューボタンがあったりしますよね。

タイマー機能やスマホ連動など、多彩な機能があるのにもかかわらず、全く使っていないなんてこともよくある話です（我が家でもあるあるです）。

おすすめは、旦那さんにお願いして一度説明書を読んで家電を使ってもらい、機能を教えてもらうこと。そうすれば旦那さんが家電の機能を覚える良い機会にもなります。「最新家電めっちゃほしい‼」というところからの、このお願いだったら、スムーズに応じてくれるかもしれないですね（笑）。

ちなみに我が家で見落としていた機能は、オーブンレンジにあるほったらかしレシピ機能や、ＩＨ調理台についていた保温機能です。ついつい日々の温める機能だけ使っていましたが、実は手持ちのアイテムにも優秀な機能がついてたりします。

また、ブログの読者さんに教えてもらったのですが、ＡＩアシスタント機能がついたスマートスピーカーの買い物メモ機能が便利で、調味料がなくなりそうな時など、スマートスピーカーに話しかけてメモしてもらい、買い物先でスマホでメモを見ることができるようになりました。

こういった便利機能を見落としながら家電を使っていたり、そもそも家電の使い方が違ったなんて驚きの話も聞いたことがありますから、今持っている家電のパフォーマンスは、最大限発揮できるようにしたいですね。

3章まとめ

☑家電の見直しで3割削減

☑「このくらい自分でやるよ」を捨てる

☑ロボットは文句を言わない

☑自分で作るより美味しくできる調理家電の力

☑家電の説明書を夫婦で読めば
使っていない機能に気づくかも？

4章

家族はチーム！家族のモチベーションが鍵を握る！

◆「言ってやらせる」は最も愚策

家族の協力なくして9割削減を成し遂げることは無理ということは百も承知です。

しかしながら、これがまた修行のようなことでもあると私は感じています。

私の場合「私がやればいっか」と、自分のところに業務を溜め込んでいました。

「あなたもやってよ」

「使ったら片付けてって言ってるでしょ」

こんなことを毎日言っていたりしませんか？

「何度言ったらわかるのよ!!」

家庭内でよくある定番のお怒り文句かと思いますが、山崎さん（序章参照）にこう言われました。

「何度言ってもわからないってことに何で気づかないの?」

って。

「……」

さらに、

「言ってやらせるのは最も愚策」

と言われました。

「え? 私がやってきたことって愚策だったの⁉」と愕然としました。

夫にも子供にも、言ってやらせようとして、やってもらえなくてイライラして、家庭内不穏を作り出していた原因って自分だったのです(涙)。

どうやったら相手がやりたくなるかを考える。

子育ても、夫婦関係も、上司と部下であっても、人間関係はこれに尽きるというのです。

相手のやる気を引き出すことでしか、問題は解決しない。

たとえ、言ってその時やってくれたとしても、言わないとやらない人になったら嫌でしょう？

それはもちろんそうですよね。

夫にも子供にも進んでやってもらえたらどんなに楽かと思います。

今まで愚策でなんとかしようと思ってきた私の、修行の旅がはじまりました。

家族のやる気を引き出すにはどうしたら良いか。それを四六時中考えることのはじまりです。

◆夫のやる気を折るのは妻の言動

「ねぇ、○○やってよ」
「うーーん」
「今やってよ」
「今無理、ゲーム終わってから」
ブチッ（ゲームを切る）

こんな悲惨な光景を目にしたことはありませんか？
はい、我が家でも日常的に行われてきた光景です。

こんなことをしたいわけではないんですが、朝から1人で忙しくしているのにダラダラされると、腹が立ってきますよね。
それでつい余計なことを言ってしまうのです。

そしてすぐに動かないことに余計にイライラする。

よく考えたら、これって自分でイライラを増やしてますよね。

やってもらおうとするからイライラする。

それなら自分がサッとやったほうがどう考えても早いのに、不平等な現実にイライラが止まらない!!なんていう人は、私だけではないはずです（涙）。

でもこういう一部始終って、**結局誰にとっても得がない不毛な争い**なんですよね。


もうそこは一度認めてしまったほうが自分が楽になれます。

「何で相手の機嫌取りまで私がしなきゃいけないの⁉」と感じる気持ちもわかります。


でも、でもですよ、これ全部自分に返ってきます。

まわりまわって自分のためになるのです。

相手の行動に目を向けてイライラして、一番損してるのって自分なんですよね。

私も修行の最中ではありますが、**「やりたくなる仕掛けをする！　やってくれたら褒め**

て感謝する」を心がけるようにしてみました。
すると、断然そのほうが効果的なんですよね。

例えば、夫が洗い物をしてくれた時、「褒めて、エライでしょ」感を出してくるのですが、私は洗い残しに目がいってしまっていました（汗）。

つい言ってしまう余計な一言で、相手はやる気をどんどん失くしていたのです。

結局自分で自分を苦しめることになってしまうと思ったら、「わぁ、すごーい！　ありがとう！　嬉しい」って喜んでいたほうが、自分がどんどん楽になっていくことに気づきました。


家庭をまわす中心は私！

家族のやる気を引き出すのが自分の役目。

そうやって腹をくくったほうが結局は楽なんですよね。


頭でわかっていてもそんな気分になれない時は、思い切って全てを投げ出してサボってみるのがおすすめです。

自分ばっかり頑張ってる！と思った時は疲れている証拠。

そんな時は、自分を甘やかしてみる。

1人分だけちょっと贅沢なスイーツを買ってこっそり食べたり、昼寝してみたり、「ちょっと出かけるね」と言って3時間家出をしたり（笑）。

家族で一番サボってみると、なんだか優しい気分が戻ってきたりします。

イライラしたら、頑張りすぎてる証拠だと気づいて、自分に甘くなることで家族に平和が戻ると思えば、堂々とサボれますね。

◆明確な家事分担より、お互いがまわせる安心感

我が家では結婚当初から、夫婦での明確な家事分担はしていません。

お互い仕事が流動的なこともあり、「できるほうがやる」というスタイルでやってきま

した。
クオリティの差はあれど、どちらでも一通りのことはできます。

3人目の妊娠中、私は切迫早産で3ヶ月の安静期間（うち2ヶ月入院）を経験しましたが、夫はその間、ほぼ1人で家事育児をしていました。周りから見たら「すごいお父さん」だと思います。娘の髪の編み込みもできるという、なかなかのレベルですよね。

しかし、3人目が産まれて私が動けるようになってからは、育児には変わらず積極的ですが、家事は気が向いた時しかやらなくなりました。

やればできるのに、**主体性がなくなると同じ人でも動かなくなる**から不思議です（自分が実家に行くと、お母さんがいて動いてくれるから何もしないというのと一緒の現象）。

さらに私の母や義母が家に来た時は、夫は本当に何もしなくなります。

不思議だったので、「家事するのがカッコ悪いと思ってるの？」と聞いてみたら、「いや、甘えちゃうんだと思う」と言っていました。

しかし今回、この本を執筆するに当たり、夫は「日常業務の中で本を書くのは大変だから、ホテルに泊まって集中してやってきて良いよ」と、2泊3日の執筆旅行に送り出してくれました。

そんな時、夫はなぜか楽しそうなのです。

主夫業で忙しいのを、なんだか楽しんでSNSにアップしていました（笑）。

普段なら「手伝って」と言っても怪訝な顔をされることが多々あるのに、自ら送り出している時はとても楽しそう。

人ってどこまでも主体性の生き物なんですね。

「言われたら嫌だけど、自らやることは良い」

これが人の基本なんだということを、改めて実感した出来事です。

主婦業を完全に忘れられる3日間で、執筆作業は大いに捗《はかど》りました。

また、主婦業削減中とはいえ、毎日がどれだけやることが多いのかを改めて実感する機会にもなりました。

そんな時間をくれた夫と子供たちには、本当に感謝しています。

そしてもう一つ感じたのは、毎日明確に家事を分担するよりも、**いざという時にどちらでも家庭をまわせるほうが安心感が大きい**のではないか？ということです。

「自分しかできない」と思うのって、とてもストレスですよね。

そう考えると、自分仕様のキッチンにするのではなく、誰もが管理しやすいキッチンにするなど視点が開けてきます。

ものの位置をラベリングすることは、私も実践していて、とても有効だと感じています。どこに何があるのかわからないことが、やる気を削《そ》ぐ原因になっていたりするんですよね。

家中ラベリングすれば、その時は手間がかかりますが、毎日「どこ？」と聞かれるストレスは減ります。

これからも暇を見つけて、あらゆる場所のラベリングに励もうと思います。

また、家事のタスクをアプリで管理している友人がいて、週に一度、月に一度くらいやるような家事を夫婦で共有していました。「お願いね」と口で言うよりも確実だし、これは私がやったよというのも相手に伝わるのでとても便利ですよね。

「夫婦どちらも家庭をまわせるようになる？　うちの夫には無理」と感じる人がいたら、それも〝思い込み〟かもしれません。

そういう人の話をよくよく聞いてみると、妻が心配になっているケースというのもよくあります。

誰だって最初は不安なだけで、生命維持レベルの家事育児ができないってことはないと思うのです。

急に妻が倒れたら、夫がやるしかないからやれるんです。

と言っても最初は不安だという人は3時間、6時間、1日と慣らし保育のようにはじめていってはどうでしょう？

子供だっていつの間にか新しい生活に慣れるように、夫だっていつの間にか慣れる。

その時に多くを求めなければ、お互いきっと大丈夫です。

夫が忙しくて任せられるタイミングがあまりないという場合には、それこそ第三者の協力を得ても良いのではないでしょうか。
自分がいなくても家庭がまわることをひとつの目標に、自分の家庭には何が必要か考えてみるのも良いかもしれませんね。

◆真面目にやらない妻ほど、夫婦仲が良い説

主婦業を削減したら夫婦仲も削減されるんじゃないかと思っている人がいるかもしれませんが、実は反対だと私は思っていて、実際、**私の周りで削減主婦だなと感じる人ほど夫婦関係や親子関係が良かったりします**（けいこ調べ）。

真面目にいろいろやっている私がこんなに悩んでいるのに、そんなわけないでしょ!!と思いたいところですが、本当なんです。

夫が妻に望んでいることで大きなウエイトをしめているのが、実は〝妻がご機嫌でいること〟って聞いたことありませんか？

男性って自分のパートナーが幸せそうにしていることで、自分の価値を確信する性質があるようで、**妻が大変そうでイライラしていることって、夫からしたら自分のプライドだだ下がり状態**なのです。

しかも男性と女性は脳の仕組みがそもそも違うので、妻が常に頭をフル回転して段取りして頭がパンクしていることに夫が気づいていないだけ、ということは多々あります。

なので今、主婦業の負担が大きくて辛いと感じている人がいたら、素直に相談してみることをおすすめします。

「全然気づいてなかった！」とか、そんなに大変なら何か考えようと思ってくれる場合がほとんどだと思います。

「私ばかり大変だからあなたも何かやって」と喧嘩ごしにいくのではなく、「毎回の食事作りと片付けが大変だから子供が小さいうちは作る回数を減らしたいんだけど……。片付けに使っていた時間を子供と絵本を読んだり、あなたと話す時間にしたい」と言った場合、

「そんなのダメ」という言葉が返ってくるとはあまり思えませんよね。

「週一は外食にしよう」とか、「何か良いアイデアある？」とか言われる気がしませんか？

「僕は週の半分は冷凍食品でもいいよ」とか、「週末は僕が作ろうか」とか、「実はカップラーメンが食べたかった」とか、本音で話せる良い機会になるかもしれません。

1人でカリカリ頑張るより、相談してくれたり頼ってくれたことを喜ぶ旦那さんは多いもの。

「私家事苦手だから。てへ」みたいな奥さんのほうが、家庭円満な場合が多いと感じたりします。

◆「いそいで」と言う代わりに音楽を流す。スマートスピーカーは頼れる助っ人

仕事をする母にとって、子供たちの朝の送り出しは寿命が縮まっているんじゃないかと

思うほどの過密スケジュールではないでしょうか。

マイペースな子供たちを抱えている我が家にとって、子供がテキパキ動いてくれたり、テンションが高い状態でいてくれるようにすることは、超重要課題なのです。

平日の朝は、基本的に私が朝の送り出し担当なのですが、ちょっとのミスも許されないタイトなスケジュールです。

1人でも子供がぐずったり、うだうだすることがあると途端にバランスが崩れてしまうので、工夫をしています。

「言ってやらせるのは最も愚策」という言葉を聞いてから、**なるべく「いそいで!」「早く!」と言わないようにしようと意識してみたら、もう、驚くほどに「いそいで!」と言っていたことに気づきました。**

子供に「いそいで!」と言わないのって、本当に大変(汗)。

それで**力を借りるようになったのが音楽の力**です。
ＴＶをつけると朝の支度に支障が出るので、スマートスピーカーで音楽を流し、天気予報などもスマートスピーカーで聞いています。
人って音楽につられてテンションが上がったりしますよね。
親もそうだし、子供もそう。

朝からテンションの上がる音楽を流すと、私も気分が上がってきて、踊りながら朝ご飯の準備をしたりします。すると、**スローな雰囲気だった子供たちが一気にオンなモードになってくれることが多いです**。

朝に弱い子をお持ちでお悩みなら、本当に雰囲気が変わるので、良かったら試してみてください。

音楽以外でも、スマートスピーカーを活用して、娘が家を出る10分前にアラームを設定しています。アラームが鳴るとハッとするようで、食事をやめて次の行動へ移るようになりました。

そして最近のマイブームはそこからの時間を運動会の音楽にすること（笑）。人って、運動会の曲を聴きながらのんびりするのって難しい。なんだかみんなテキパキ動き出して、なんなら踊り出す子もいますが、一気にテンションが上がっていくことが多いです。

こういうことは子供のブームがあるので長続きしない可能性もありますが、音楽には一定の効果があると思うので、子供たちのブームを探りながら試してみるのがおすすめです。

ちなみにスマートスピーカーは、今はお手頃な値段で入手でき、主婦業を助けてくれる名アイテムですよ。

声で反応するので、手を動かしていることが多い主婦にはとても便利です。子供たちもスマートスピーカーに向かって声をかけて、普通に使いこなしています。

◆変化に感謝を伝える、夫動かし上手の秘訣

第一子を出産して夫婦ともに育休を取っていた友人宅にお邪魔した時、驚いたことがあります。

もともと夫婦仲は良く、共働きなので旦那様も家事をしてくれるご家庭だとは知っていましたが、そのお邪魔した一日で**授乳以外のことをほぼ旦那様がされていた**のです。

家事もオムツ替えも基本、旦那さん。

授乳になったら奥さん、という感じ。

もう、産後の母としては理想中の理想。

「育休ってこんなに素晴らしいものだったの？」と感動してしまいました。

ちなみにそのご家庭では旦那様も半年間の育休を取られていました。

男性の育休取得が注目されるようになったものの、実際のところ、「それって育休なの？」というレベルの数日間の取得などが多いですよね。そんな中、半年取得とは潔くてかっこいいなと思ったのと同時に、こういう産後の夫婦関係があったら、核家族でも子育てがすごくしやすいだろうなと感じたのです。

こんな夫婦の話を聞くと、協力的な旦那様に注目が集まりがちですが、実はそうさせているのは奥様の力も大いにあるんです。

彼女はもともと家事がそんなに得意ではなく、旦那さんのほうが細かいことに気がつくので、よく掃除をしてくれたり、ご飯を作ってくれたりしたらしいのですが、**必ず何か変化したら、具体的にありがとうと伝える**らしいのです。

先に寝落ちしてしまったのに、テーブルが綺麗になってることに気づいたら、「テーブル綺麗にしてくれたんだね、ありがとう」と必ず言うんだとか。

これって、夫婦になるとなかなかできなかったりしますよね。

長年連れ添ってくると尚更です。

ただありがとうと伝えるのではなく、変化に気づいて伝えることで、相手の喜びも増えますよね。

私も彼女と一緒に仕事をしていた時に、彼女に対して何か役に立ちたいと自然に思ったことを思い出しました。

そんな風に思わせる人って理由がある。

でもそれって、その人のキャラクターとかそういうことで片付けるのではなくて、真似できることが沢山あるってことなんですよね。

◆自分の夢を家族の夢に！　周りを巻き込むチカラ

あなたは主婦業を削減した時間を何に当てたいですか？


「子供との時間にしたい」

「夫とゆっくり話す時間にしたい」

「仕事で成果を出したい」

「未来への投資でインプットの時間に使いたい」

「穏やかな心を保てるようにしたい」

人それぞれいろいろな答えがあると思います。

家族が協力的になる最大の武器は、自分の夢を家族の夢にすることだと思うのです。

実際、これらの理由はいずれも家族の夢・メリットになり得ることだと感じませんか？

ママがいつもニコニコしてたら良いなぁとか、２人でゆっくり話す時間があったら良いなぁとか、仕事で成果を出したら家族で旅行に行きたいなとか……。

家族の脳内に良いイメージを共有できれば、自然と協力的になることに気づいたのです。

夫だって子供だって、お母さんがイライラしているより、ニコニコしているほうが良いに決まっていますし、何かに向かって頑張ってる人は応援したくなると思いませんか？

逆に愚痴ばかり言っていたり、「あなたのためにこんなに頑張ってるのに！」みたいな話を聞かされたら、応援したい気持ちも失せてしまうのが人間ですよね。

我が家の夫も、私を応援することで自分にメリットがあると感じた時、突然動きが変わりました。

「あなたもやって」と口で言うより100倍くらい効果的だったのが、**私が私の目標に夢中になること**だったのです。


人は、頑張っている人のことは応援したくなる心理が働きます。

それに加えて自分にもメリットがあるとわかれば応援する気持ちは加速します。

自分の夢が家族の夢になってしまえば、もう協力体制は完璧ですよね。

みんなで叶える夢に変わっていくのを感じました。


今回の出版に関してもそうです。

私だけじゃなくて、みんなの目標になったら、家族みんながものすごく協力的になり、率先して私が集中する時間を確保してくれるようになりました。


あんなに言っても動かなかったのに……。

そう、言うから動かなかったんですよね（笑）。

あなたの目標を、家族の目標に。イメージを共有することからはじめましょう。そうすることで自然と家族の動きが変わってくると思います。

我が家の家庭内が一番まわらなかった時って、私が自分ではなく家族のことばかりに目を向けていた時期なんです。

夫が家事をやらないことにイライラする。子どもの行動が気になる。気になるから口を出す。すると家族は面白くないから嫌々な態度をとる。

それよりも、家族のことを信じて、細かいことは気にしない。自分は「自分の人生」に集中することで、何だかスッと動き出したのを感じました。

心配するより、信じて、自分は「自分の人生」を生きる。

家族それぞれが「自分の人生」を生きる。

助けられるところを助け合う。

そんな気持ちでいられたほうが、ハッピーですよね。

4章まとめ

☑言ってやらせようとするから家族は動かない

☑主体性を引き出すことで万事解決

☑真面目にやらないほど家庭円満になっていく

☑「いそいで」と言わずにいそいでもらう方法を考える

☑家族を動かしたければ褒める、感謝する、自分の夢に乗ってもらう

5章

私以外にもいた
削減主婦たち

◆そもそも私は削減3姉妹

私は3姉妹の真ん中で、今は姉妹それぞれが家庭を持ち、子供がいます。私以外の2人は大手企業の正社員で、バリバリのワーキングマザーです。姉妹全員家事は得意でも好きでもないけれど、「仕事はやめたくない」という3人です。

わりと家庭的な母に育てられたのに、わからないものですね。「削減3姉妹だね」と姉妹で笑っていたら、母には「そんな恥ずかしいこと言わないの！」と言われましたが、私たちからすれば、仕事が好きな3姉妹を育てたことを誇りに思ってほしいなと思っています（笑）。

妹には7歳と4歳の子供がいますが、もともと合理主義です。家電変更は当の昔にやっていましたし、水回りの大掃除は業者任せというのを実践していました。子供2人目の育休明け以降は、作り置き代行を月に2回取り入れて、家でご飯を作るのは最低限にとどめていました。

地域のファミリーサポートサービスに登録して送り迎え代行などもうまく利用しながら、都心で親の手を借りず、フルタイム勤務をしながら子供2人を育てています。

これは会社での仕事を考えた時と同じで、どうしても自分がやらなくてはいけないこと以外は人にお願いしたり、外注したりする。

会社ではごくごく普通のことを、家庭に当てはめて実践した良い例だと感じています。

実際に作り置き代行サービスを利用したほうが、大人と子供のメニューを分けたり、普段自分では作らないものが食べられたりして楽しめている。また、家族に食事を残された時も自分の労力をかけていない分、イライラしなくて済んで良かったと話していました。

そんな姿を見ていたので、私が「主婦業9割削減宣言」をした時の具体的な最初のステップは、妹の家庭を真似することでした。

姉は、今はもう子供が成人し、以前と比べれば主婦業の負担が激減しているそうですが、子育てと仕事の両立で忙しかった時代は、母も含め家族みんなで「外注しなよ」と促していました。

結局**子育てに忙しい時期って限られているわけですし、その時期をどう乗り切るかって、各家庭にとってすごく重要な課題**なんじゃないかと感じます。

◆家事の総量を大幅に減らし、全て外注

私が「主婦業9割削減宣言」するにあたり、背中を押してくれた本があります。ちょうどコロナ休校中の時期に出版された、小田桐あさぎさんの『私、ちゃんとしなきゃ」から卒業する本』(WAVE出版)です。

私が主婦業を「ちゃんとやらなきゃ」と思い込んでいたのは、世間の価値観に自分を当てはめようとしていたんだな。

「ちゃんと」を手放して、自分と自分の家族にとって大切なことだけに集中しようと決断させてくれました。

著者の小田桐あさぎさんは、2児の母ですが、私が知る限りでは日本トップクラスに主

婦業削減していると感じるおひとりです。

主婦業を減らすのに、まず「気にしない」というのがとても有効であること、毎日毎日繰り返していることが本当に必要か一度考えてみることがいかに大事かなどが書かれています。

その中で最も印象的だったのが、「家事の総量を減らす」ということ。

日本の家庭の平均的な家事時間は1日3時間ちょっと。週21時間程度を家事にかけているそうですが、それを外注するとなったら金銭的にもハードルが高いですよね。

でも、家事の総量を見直したら、週1、2回の外注で十分ということで、家では家事を一切しないそうなんです！

本の中には週1回と書いてあるのですが、最近は週2回に増やしたそうで、その理由が、旦那様が次の家事代行までの間に少し片付けをはじめたからだそう。

「え？　旦那さんが片付けてくれるなら良いじゃん」と思いませんか？

でも、あさぎさんはこう思ったそうです。

「そんな片付けとかするくらいなら漫画読んだりしてゆっくりしたら良いのに」

もう思考回路が違いすぎてびっくりしたのですが、**自分も嫌なことは一切しないという ことは、相手にも嫌なことはさせたくない**ということなんだなと感じました。

夫に「ゲームしてるなら掃除してよ」と詰めていた自分を反省した瞬間です。

自分を許しているから、相手も許せる。

自分に寛大だから、相手にも寛大になれる。

そんなことを示してくれたエピソードだと感じました。

◆私は〝株式会社自分の家族〟のCEO。家族が最も活躍できる仕組みを考える

グローバルにご活躍されているご夫婦のお話です。

我が家の上2人に近い年齢のお子様がいて、ご夫婦ともに経営者です。教育にも熱心でありながらしなやかな感性をお持ちだなといつも感じていました。

旦那様が不在にすることも多いということだったので、「ワンオペ」で大変ではないのか聞いたところ、「ワンオペという言葉はあまり好きじゃなくて、いつも『どこ』を『誰に』お願いしたら家庭がまわるかということを考えている」とお話されていて、そもそも頭の中が家庭内のことにおいても経営者視点なんだなと感じました。

「株式会社自分の家族」のCEOは自分で、どうやったら家族が最も活躍できるか、そればかりを考えているそうなのです。

そう考えると、**夫の愚痴を言うってことは、スタッフの愚痴を言う経営者のようなもので、自分の裁量のなさを世間に言ってまわっているようなもの**と言われたら、本当にそうだなと思いました。

何事も適材適所で考えていて、食事に関しては自分がやりたいけれど、掃除は任せても良いなど、自分がその作業をすることは家族にとって最適かを常に考えてディレクションされているそうです。

今は定期的に掃除や後片付けを外注していて、その分、浮いた時間をクリエイティブなことを考えたり、夫婦で過ごしたりすることで家庭内の循環が良くなるんだとか。

もちろん外注にはコストがかかるけれど、それ以上のものが生み出せるのであれば、利用しない手はないですよね。

そうやって他人の手を借りることを抵抗なくできるようになったのも、海外での経験が大きいと話してくれました。

海外に行けば文化が異なるし、当たり前のように家事や育児を外注する風潮がある。自分が人に頼ることに抵抗を感じるのは何故なのかと自分の感情を俯瞰して考えるようにしてみたら、親世代の価値観や世間の常識に囚われていたということに気づけたんだとか。

そんな気づきを経て、少しずつ人の力を借りるようにしていったら、今は代行サービスをお願いできないと困るレベルの存在に。

確かに金銭的なことだけでなく、**日本は主婦業の外注の壁がとても高く設定されている**ように感じますよね。

ちょっと世界に目を向けてみると、こんなにも家庭のことを家庭内だけで片付けようとしている日本は、むしろ珍しいのかもしれませんね。

またこのあたりは6章の世界の主婦事情のところで詳しく書きたいと思います。

◆夫に毎日ハグ、『頑張らない』からこそ芽生える愛情

4人の子育てをしている専業主婦の方のお話です。

私が「主婦業9割削減宣言」をした時に、「私はもともと削減主婦です」と教えてくれました。

もうお子様はだいぶ大きいのだけれど、子育てしながらの家事が大変すぎて、料理などほとんどしてこなかったというのです。

自分は削減主婦だけど、多少の罪悪感はずっとあったので、「主婦業9割削減宣言」を聞いた時には罪悪感が薄れて本当に嬉しかったと言ってくださいました。

削減主婦だということは、旦那様が率先して家事をやるということなのかと思ったら、

そういうわけでもなく、**やらないことを家族が認めてくれている**というご家庭だったのです。

洗濯物がしまってなくても何も言わない。
ご飯が買ってきたお惣菜でも何も言わない。

そんな旦那様に対して日々感謝と愛情が溢れているそう。何も文句を言わずに、自分で洗濯物の山から洋服を探して、着ていく姿を見るたびに愛おしくて仕方なくなるそうで、毎日ハグして送り出しているんだとか。

もう私はすごく驚きました。

カリカリ頑張って主婦業して、夫に文句言うよりも、主婦業を基本的にやらないけど、毎日ハグしてくれる。
そのほうが良い旦那様って実は多いんじゃないでしょうか（汗）。

カリカリイライラするくらいなら、『頑張らない』ことで家族に平和が訪れるのかもしれないと改めて学ばせていただきました。来客がある時には家族総出で大掃除をするのがルールということで、家族に団結感があるところも素敵だなと感じたエピソードでした。

◆喜び上手で楽しく子育て

私が一緒に仕事をしてきたご夫婦で、とても仲が良いと感じるお２人がいます。子育て期間をすでに終えているのですが、今も一緒に会社経営をしながら、２人で暮らされていて、夫婦仲良しって、やっぱりすごいことですよね。

削減主婦の先駆け的存在だと感じたのでお話を聞いてみたのですが、子供が巣立った現在も夜ご飯は旦那様担当で、奥様は朝ご飯担当なんだとか。

そもそも結婚する時、「娘は家事ができません」と親御さんから言ってもらって結婚したというのですから、潔いですよね。

そのため、専業主婦時代も子育てには熱心でしたが、家事は頑張っていなかったし、苦手なものを得意になろうとはしていなかったそうなのです。

よくよく聞いてみると、苦手なお裁縫は得意な友人がやってくれたとか、毎日のように一緒に遊ぶママ友がいて、夕ご飯もご馳走してくれて、時には旦那様の分まで持たせてくれていたとか。

なんて羨ましい‼と思うことの数々でした。


でもそれって、**やっている側の人も、やってあげたくてやるのかもしれないなと思うのです**。

その方は、いつも何かするとすごく喜んでくれる。だから何かしたくなる。

それにいつも親身に話を聞いてくれるから、話をしたくなる。

女性にとって話を聞いてくれる人って、神様みたいな存在。

あなたともっと話したいからご飯食べて帰ってくださいと思う時って確かにありますよね。

何かしてもらったら素直に喜ぶような、周囲の愛の受け取り上手な人であれば、そうやって苦手なことは周りがフォローしてくれるんだなぁと感動してしまいました。

ついついできないことがあると、人に迷惑をかけて悪いと思ってしまいがちですが、何かを受け取ったら、感謝して、喜ぶ。自分の得意なことで恩返ししたら良いし、得意なことをお互い活かしあうことができたら、世の中はもっと生きやすくなると感じたエピソードでした。

◆頼り上手が、家族のやる気をUPさせる

主婦業9割削減を目指しはじめた時、実は身近なファミリーがかなり削減を実践していることがわかったのです（ちなみにほぼ専業主婦のご家庭です）。

どんな感じかというと、洗濯はドラム式洗濯乾燥機、食器は毎食食洗機、掃除はロボット掃除機にロボット床拭き機、戸建てなので2台持ち。

どのアイテムも奥様は「いらない！」と言っていたけれど、大変そうにしている姿を見て、旦那様が買ってきてくれたそう。

土日は3食旦那様がご飯を作ってくれて、その週末に月曜日の仕込みまで終わらせてくれるらしいのです。そして火曜日は近所の実家でお惣菜をもらってくるとかで、金曜日はカレーの日。

すでに結構削減していてすごいですよね。

かれこれ6年ほどの付き合いですが、もともとは奥様が全ての業務を握りしめていて、いっぱいいっぱいになっている印象がありました。

旦那様はその当時から、「大変ならやめて良いよ、俺がやるよ」的なスタンスを貫いておりましたが、その当時はその言葉を受け入れられていなかったんですよね。

これって、日本の主婦あるあるだと思うのです。

「人に頼んだら悪い（夫は仕事してるのに！）」

「人に任せて、自分ができていないところを見られるのは嫌（自分で抱える）」

「自分でできるようにならないと！（そうはいっても、子育てもあって大変!!!）」

でもある日、旦那様の言葉を受け入れて、思い切って頼ってみることにしたそうです。

すると、レストランみたいな食事が食べられたり、家電のほうが自分よりも丁寧に仕事をしてくれることに気づき、今は、自分の時間ができて自宅のガーデニングを楽しんだりしているそうです。

1人で抱えていた時よりも、頼ることを覚えたら、夫婦の仲はどんどん良くなっているように見えました。

他にも3人子育て中の友人で、21時以降は何もしないと決めていて、家族の誰よりも先に自分が寝るというママもいました（一番下の子は年長）。

そうすると、残ったことは家族が全部やってくれるそう。

以前は自分がやらなきゃと思いすぎていたことも、夫や子供の愛を素直に受け取り、家族を信じることでとてもうまくまわるようになったんだとか。

また、コロナ休校中に主婦業を半減したという私の友人も、3児（中3〜小2）の母ですが、自分がご飯を作りたくない日に、「お願い！　作ってくれたら嬉しい」と言っていたら、中学生の息子さんが率先してご飯を作ってくれるようになり、自分が食事を作る回数が激減しているそうです。

やってくれたら素直に喜ぶ。
〝やらせよう〟とはしないでお願いする。
子供も頼られたら嬉しいからやってくれるようになる。

そんな流れになっていると聞いたら、未来は明るいと感じました。

周りからの愛や優しさを素直に受け取ってみる。
頼ってみる、お願いする。
甘える、自分で「やらなきゃ」と頑張りすぎない。
やっぱり私たちに必要なのは「頼るスキル」。
「信じる力」なのかもしれないですね。

5章まとめ

☑どうしても自分でやらなきゃいけないこと以外は頼る

☑そもそも毎日やらなくても良い、家事の総量を見直す

☑私は自分の家族のCEOという自覚で家族が活躍できる環境を整える

☑頑張りすぎないと、家族に愛情が溢れてくる

☑家族の愛は素直に受け取り、信じることで家庭がまわり出す

6章

世界の主婦事情から考える日本の主婦の基準

◆日本の常識は世界の非常識

私たちが日々〝当たり前〟だと思っている主婦業って、本当に〝当たり前〟なんでしょうか。

私たちが「常識」だと思い込んでいても、広い世界に目を向けると全く常識ではないことって沢山あるんですよね。

私は25歳の時に地球一周の船旅（ピースボート）を経験しており、その縁で夫とも出会っています。船で地球をぐるりと一周まわるのですが、同じ時代でも世界ってこんなに違うんだということを肌で感じる経験になりました。そういった体験から、私たちは常に日本の「当たり前」を「当たり前」と思わないように気をつけています。

日本人って真面目な気質なので、ゆるーい異国文化に触れては、何でこんなにも真面目に生きてきたんだろうと反省させられることもしばしば（笑）。

それが主婦業でも言えることで、**「日本の主婦って世界一過労なのではないのかしら」と私は本気で思っています。**

働く父も世界一過労だと思うので、とにかくお互い働きすぎってことですね。

もちろんどちらも〝好き〟でやっているなら、それは何の問題もないことですが、〝仕方なく〟やっているとしたら？

世界の常識に目を向けてみても良いのではないでしょうか？

私の周りには、今も世界中で暮らしている友人がいます。実際のところどうなのかを、海外に暮らす主婦の友人たちに聞いてみることにしました。

◆アメリカのパパは定時に帰ってくる

アメリカで子育てをしている友人に話を聞きました。

日本と大きな違いを感じたのは、アメリカのパパは夕飯の時間には家にいるということです。

また、「授業参観だから帰ります」というような光景は日常茶飯事。**プライベートあっての仕事という文化がしっかり根付いている**んですよね。

子供が小さい頃は特にパパが夕飯の時間にいてくれるだけで、どれだけ負担が違うでしょうか。

日本では平日はママのワンオペが当たり前みたいなところがありますが、かなりの力技で乗り越えていると自覚して良さそうです。

ロサンゼルスとハワイで暮らしていたママからもこんな話を聞きました。

アメリカでは子供のしつけの役目は一般的にパパが担っているんだとか。

レストランで子供が騒いだ時に子供を外に連れ出すのはパパの役目。

ママが連れ出していると「あなた大変ね」と驚いた反応をされると聞いてびっくりしました。我が家の夫もよくこういうことはしてくれますが、私が日本で言われることは、「あなたは楽ね」です。

国が変わればこれだけ違うんです。

さらにアメリカの幼稚園で出るお弁当は、パン、ベビーキャロットそのまま、カットフルーツ、チョコみたいなのが普通というお話も。

私もアメリカに行った時、お弁当としてわたされたのが、パンとりんごまるごと1つということがありました（笑）。

それが良いかどうかは別として、それでもOKな文化があるということです。


そう考えると日本人のお弁当って相当基準が高くないですか？

キャラ弁までいくと、もはや芸術作品の領域ですよね。

世界基準で考えると、お弁当に冷凍食品を入れたからって、決して手抜きではないレベルなのではないでしょうか。

◆共働きが進むヨーロッパの主婦基準

ヨーロッパでの女性の社会進出は著しく、結婚出産後も女性が働き続けるということが、日本よりも当たり前になっている国が多いですよね。

特に北欧なんかが有名ですが、**スウェーデンでは男性の育休取得率が約9割**ということで、北欧にビジネスパートナーがいるという友人は、男性も「家事があるから」と潔く帰っていくのはよくあることだと話してくれました。

男女が協力して子育てをするというのが社会の文化として根付いているのですよね。

フランスに住む、2児の母の友人にも話を聞いたのですが、**女性が専業主婦になるという選択肢はほぼなく、出産して3ヶ月で預けて働く人も多いんだ**とか。

ちなみにフランスでは母乳育児をする人が本当に少ないそうですが、子供を預けることへのハードルも日本よりかなり低そうですね。

さらに、フランスでは冷凍食品の文化が発達していて、夜ご飯は冷凍野菜とトマト缶で作ったパスタ1品とかそういうものが、ごくごくよくあるメニューなんですって。

これを作っても今日は手抜きだなんて誰も思わない。

冷凍食品専用のスーパーがあちこちにあるくらい、冷凍頼りなのがフランスの今らしいのです。

なお、**フランスのおふくろの味は、ゆで卵のマヨネーズのせ**なんだとか!!

それなら私も作れるし、私ってフランス基準だったのね〜と明るい気持ちになりました(笑)。

彼女がフランスで子供を産んだ時、近所の何人もの方から、「子供と四六時中一緒にいたらおかしくなるわよ。私が見ててあげるから、夫婦で食事でも行ってきなさい」とか、「預かってあげるから夫婦で1週間くらい旅行に行ってきたら?」とか、声をかけられたそうです。

社交辞令などではなく、本気で言ってくれているそうで、産後1ヶ月で隣人にベビーを預けてクラブに行くなんていうのも珍しい光景ではないんだとか。

こういう話を聞くと、**日本人って、子供ができると子供優先になりすぎて、自分のことや、夫との時間を大切にすることが二の次三の次になりすぎてる**のではないかと感じますよね。

そして一番驚いたのは、ヨーロッパでは、「妻にするなら日本人が良い。なぜならメイドのようによく働くからだ」なんていう言葉があるそうなんです。

驚愕ですよね。

日本の専業主婦文化、夫を立てる文化が作ってきた「よく働く妻」。

もしタスクの多さに疲弊していると感じたなら、それは当然なのかもしれないですね。

◆ドイツのコールドミール文化が日本の主婦を救う

コールドミール文化ってご存知ですか？

ドイツでは昼に一番ボリュームのある食事（温かい料理）を食べて、平日の夜は「コールドミール」と呼ばれるパン、ハム、チーズ、切った野菜など火を使わない食材で早めの夕方に簡単に食事を済ませるという文化があるそうなんです。

夜に温かいものを食べる場合は外食の時。

そのあと寝るだけなのにしっかりとした食事は必要ないという考えに、確かに一理あるなと感じました。

ドイツでは料理に使う時間を、家を綺麗に保つ時間やリラックスの時間に使う考え方があるようで、私もドイツは訪問したことがありますが、ドイツ料理というとてもダイナミックな感じの食事の印象があります。（ウインナーとジャガイモ丸ごとのようなメニュー。）

昼に温かいものを食べたら、朝と夜はコールドミールでＯＫ。

日本だと「夜はしっかりしたものを食べる」認識があるから、サンドイッチだけだと「悪いな」と感じてスープを追加で作ってしまいそうです。

ドイツでは、夕方の保育園のお迎えの後に公園に行く親子の姿も多いそうです。

そもそも夕飯を作る概念がない、夕飯を作らなければ片付けもないですから、その時間を遊びの時間に変えられますよね。

そう考えると、夕食に重きを置く日本では、主婦は夕方から献立を考えて、材料が足りなければ買い物に行って、ご飯の支度して、食べて片付けるまでに3時間は費やしている気がします。

これは日本の主婦が時間がないと感じて当然かもしれません。

平日の夜はコールドミールが普通という国もあることを知れば、冷凍餃子が手抜き？カレーが手抜き？

平日の夜に火を使ってるなんてすごい!!!

世界基準で考えれば、そういう考え方もあるんじゃないでしょうか。

◆中国のお掃除つきマンションや台湾の外食文化

上海で暮らしていた主婦の方によると、上海ではお掃除つきのマンションが沢山あり、買い物は頼めば30分で届けてくれて、子供の習い事は先生が迎えにきてくれて、主婦は暇だったという話を聞きました。

主婦が暇……とびっくりしました。

台湾で暮らしていた友人は、外食文化がとても発達していて、基本朝ご飯は家で食べないし、夜ご飯もちょっと食べに行く選択肢が無数にあるから家で食事を作ることはとても少なかったと話してくれました。

作るとしても、台湾の家庭に必ずあると言われる電鍋（電気の鍋）で、そのまま蒸したものを出すことも多いとのことで、私が実践した素材のまんま調理（2章参照）は、台湾流なんだということがわかりました（笑）。

日本だと、外食ばかりだと身体に悪いとか栄養バランスが心配とか言われがちですが、当たり前に外食ばかりしている国もあるのですよね。

それから、宅配サービスも一般的になっており、私も台湾には何度か訪れたことがありますが、ホステルの朝食が宅配だったということがありました。

朝からそんな感じの国もあると知れば、トーストとバナナを出したら、〝手抜き〟なんて思わなくても良いと思いませんか？

◆メイド文化、ナニー文化が根付いている国々

東南アジア諸国や中南米では、メイド文化、ナニー文化が根付いており、**住み込みのメイドさんを雇うというのが、ある程度の所得層であれば当たり前**の国もあるそうです。

そもそもおうちにはメイドさんの寝る部屋もついていたりするし、そんな国に駐在したりすると、日本に帰って来たくなくなるというのは、よく聞く話ですよね。


4ヶ国語を話せるナニーさんと触れ合うことで、子供が自然に多言語を話せるようになるなんて話を聞くと、羨ましいですよね。

ベビーシッターとナニーの違いは、一時的な身の回りのお世話にとどまらず、躾や情操教育など乳幼児教育の専門としてケアするというところのようで、そう考えると専門家が

そばで教育にまで関わってくれるというのは、母親の心の負担が大きく違うだろうと感じます。

メイド文化、ナニー文化がある国の人々は、家事や育児を他人にお願いすることは雇用を生み出すという意識もあるそうで、そう考えると家庭内の大仕事を他人に任せることの意義も〝自分や自分の家族のため〟だけではなくなりますよね。

日本でこれを実現するとしたら、子育てを終えた層、人生１００年時代の後半戦の方々と、子育て世代がもっと連携できるようになると、良いですよね。

自分より年齢が上の人にお願いする後ろめたさみたいなものも最初は感じるかもしれないですが、個人的にお願いしている年配のお手伝いさんがいるという知人は、家事代行だけにとどまらず、**子育てに第三者の視点が入ることで子供の良いところを沢山見つけてもらえて、とても良い関係ができている**と話してくれました。

親と近所に住む近居も増えているけれど、親以外のサポートも受けられる、また、定年後も社会の役に立ちたいと思ってくださる方と連携できれば日本の子育てってもっとしやすくなるんじゃないかなと思います。ファミリーサポート事業やシルバー人材センターの代行サービスもありますから、子育て世代が積極的に利用することで良い循環が生まれそうですよね。

ちなみに、繰り返しになりますが、家事の外注に抵抗があるという人がいたら、汚いところを3回見せたらもう慣れます（笑）。家事のために来てもらうのに、事前に最低限の掃除をしなくても大丈夫。恥だと思っていたことも自分が気にしすぎていただけなんだと感じると思いますよ。

我が家も第二子の出産以降、家事代行は何度もお願いしていますが、日常の家事を代わってもらえることがこんなにもありがたいことなのかと毎回感動します。

人は自分の時間を確保できることにお金を使うと満足度が高いなんて話もありますよね。家事って、どうにかすれば自分でできてしまうことだけれど、人に頼ってみると、「あぁ、私のタスクは多すぎたんだ」ということに気づけると思うのです。

家族にイライラしてしまうのも、自分の性格ではなくて、単にタスクが多かっただけってことがほとんどだと思います。

女性の社会進出というと、育休とか保育園の整備に目を向けられがちで、もちろんそれもとても大事ですが、育休明けてからの子育て期のほうが長いのです。

子供がある程度の年齢になるまでの期間をどう乗り切るかという課題があります。

家事育児が家庭内だけにとどまらない文化が日本にも根付いていくと良いなと私は思っています。

◆世界に誇る日本の食事やサービス

世界に目を向けた時、自分たちが〝当たり前〟に思っていることの基準の高さに気づくと同時に、日本のありがたさにも気づけます。


日本の給食は本当に羨ましいという声も多かったですし、「お惣菜」という文化がそもそもない国の話もありました。

きめ細やかなサービスを思いつく日本人だからこそ、作り置き代行のようなサービスが生まれたり、家電の性能だってものすごく良いわけです。

そんな**日本が誇るサービスや技術を使わない手はない**ですよね。

それから、日本では夕飯のメニューが鍋だと「今日は手抜き」なんて謙遜する主婦も多いですが、世界基準からすれば、「今日は世界に誇る日本食で栄養バランスバッチリの鍋を作りました！」と、もっと堂々として良いし、拍手喝采レベルってことで良いんじゃないかなと思うのです。


手の込んだ料理を作るのが好きな人は作れば良い。

でも、手の込んだ料理は外で食べると決めても、それでも良い。


洗濯のシーンでは、乾燥機を当たり前に使っている国も多く、洗濯物を干す習慣がそもそもないという国も多いのです。

海外で暮らす友人から、洗濯物は乾燥まで終わらせて、畳まれて返ってくるサービスを使っていたなんて話を聞くと、どれだけ自分の人生の中で洗濯物のために時間を割《さ》いていたんだろうと思ってしまうのは私だけでしょうか。

私たちが「当たり前」だと思い込んでいることは、世界に目を向ければ「当たり前」ではないし、手を抜いているなんて自信をなくす必要などないのですよね。

手をかけたい人が手をかけたら良いし、手をかけたいところにだけ手をかけたら良い。

視野を広く持つことで、自分の中の常識を破壊していくことができます。

『常識』なんて生きている〝時代〟や〝住む場所〟で変わるもの。

そう思うと、今まで自分が「やらなきゃいけない」と思い込んでいたことを考え直す勇気が持てませんか？

今ここに住んでいるから〝当たり前〟だと思っているだけで、ちょっと場所を変えたら〝当たり前〟じゃなくなる。

さらに、これからは、時代が変化するスピードはどんどん早くなっていくでしょうし、同じ場所にいても〝当たり前〟なんて、どんどん変わっていくのだと思います。

そう考えると、そのうち『常識』という言葉もなくなるかもしれないですね。

だから私は常に柔軟に、「自分は本当はどうしたいのか」「私の家族にとって何がベストか」、『常識』や『世間体』ではなく私たち家族の価値観で決めて、実行に移していきたいと思います。

それが自分と自分の家族が一番幸せに生きられる選択だと感じています。

6章まとめ

☑日本の主婦は世界一働き者なのかもしれない

☑ワンオペ育児は当たり前じゃない

☑平日の夜にご飯を作らない国もある

☑洗濯物を干す文化がない国も多い

☑場所が変われば常識は変わる

おわりに

最後までこの本を読んでくださり、ありがとうございます。

毎日タスクが多すぎて疲弊している。
「仕事をやめなきゃ無理かも」と悩んでいる。
自分ばかり家事をやっていて不公平に感じる。
夫や子供にもっと余裕のある心で接したいのにできない。

そんな風に毎日がいっぱいいっぱいになっていて、以前の私のように、精神的にしんどく感じている人がいたら、
「こんな方法もあったよ」
「こんな考え方に変えてみたら楽になったよ」
そんなことをお伝えしたくて、自分が実際にやってきたことをこの本に綴らせていただ

きました。

子供は日々成長していくものだし、いつか手が離れるのはわかっている。でも、「今」まさに格闘中の人にとっては、追い詰められるような気持ちになることも多いんですよね。

その大変な時期を過ぎた人からしてみれば、「昔は当たり前にやってきたわよ!!!」「今だけよ!!!」そんな風に言われることもあるかもしれません。

でもね、考えてみてほしいのです。

今と昔は時代が違いますし、何が大変と感じるかは人によるし、家庭環境にもよる。ましてや子育ての大変さって過ぎ去ると忘れてしまうんですよね。

私だって1年前のことですら正確には思い出せない。だからこそ私が「今」この本を書くことに意味があると思って書いています。

誰かができたからといって、自分ができないことに引け目を感じる必要なんてないし、世間一般の価値観に自分が合わせて、自分が幸せな気持ちになれないとしたら、合わせる意味ってあるのでしょうか。

そういう私も身内に「主婦業9割削減宣言」が知られることには少し躊躇がありました。

しかし、思いの外早い段階でメディアに取り上げられてしまったことで、あっという間に親族中に知れ渡ってしまいました（笑）。

その時に義母に言われた言葉がとても印象的で、

「私は大賛成。自分は4人の子育てしながら働いていたけど、本当に大変だったから、同じことを次の世代の人が繰り返したら人類の発展がない」

「主婦業はやりたい人はやれば良いけど、やりたくない人はやめたって良い。みんな世間体を気にしてできないだけ」

こんな風に応援してくれました。

私の実の母も、最初は「そんなこと公言して大丈夫なの？」と心配していましたが、今はとても応援してくれて、この本の執筆時間確保のため、進んで沢山の協力をしてくれました。

世界の主婦事情の話をした時には涙を流して一緒に大笑いしてくれたり、この本が母親の人生の楽しみにもなったことが、娘としてとても嬉しかったです。

さらに私の家族にとっては「主婦業９割削減」はみんなで叶える夢になり、宣言する前よりチームの結束が強くなりました。

自分が思っている以上に周囲の懐はとっても深くて、あたたかい。

もっと頼って良かったのに、主婦業を握りしめていたのは自分なのかもしれないということに気づきました。

そして、「主婦業９割削減宣言」をしてから、この文章を書いている時点で約半年ですが、あらゆることの見直しと家族や周囲の協力で、ピーク時から比べると私の主婦業は、

6割程度削減できています。

主婦業削減前の実働時間は子供の送迎も含めると1日4時間以上ありました。

それが今は2時間以内で収まっています。

現時点でも毎日およそ2時間が生み出されたことになります。

1週間で14時間、年間で730時間です。

もともとが非効率だったのもあるかもしれませんが、この時間を生み出せたことは主婦人生において革命的です。

そして、実際に手を動かしている時間だけでなく、段取りのための思考の時間も削減できていることに、大きな違いを感じています。

そのおかげで**宣言前と比べて、家庭内がとても明るくなりました**。

夫との関係や、子供とのやり取りも、前よりも余裕を持てるようになりました（もちろん今でもイライラして怒ってしまうこともありますが、大幅に減りました）。

自分が持っているタスクを大幅に手放し、意識を変えたことで、家族がお互いに気持ち良く過ごせる時間が増えたように感じています。

そして、**一番大きく変わったのは私自身の心**です。

「幸せだな」

そうやって幸福を感じる瞬間が大幅に増えて、子供たちの失敗やイタズラにも笑える心の余裕が生まれました。

1歳児の食事の後は今も沢山の食べ物が落ちていますし、水をひっくり返されることは日常茶飯事です。コーンフレークがばらまかれたり、おもちゃがあちらこちらに落ちていたり、状況は以前とほぼ変わらないのですが、そんな「今」ならではの出来事に怒らず、笑うことができる日が増えました。

同じ景色を見てるのに、自分の心が変わるだけで、見える景色が変わったように感じるのだから、不思議ですよね。

この前なんて兄弟2人がバケツで水を運ぼうとして、リビングに水をぶちまける事件もありました。

以前の私だったら、やっぱり受け止める余裕がなく、怒ってしまったと思います。

でもその時は面白すぎて思わず写真に収めている自分がいました。

子供たちの「今」を楽しめる心の余裕は、私にとってとても大きいものでした。


また、主婦業に割く時間（段取り含む）が大幅に減ったことにより、思考に余白ができたのを感じ、いろいろなアイデアが湧いてくるようになりました。

主婦業を削減して生まれた時間の一部を、アウトプット（ブログを書くこと）に当てようと決めてはじめた「主婦業9割削減を目指すブログ」。

これをきっかけに、昔から関心があった出版の世界に繋がったことが、一番の驚きです。

もちろん数々の偶然が重なっていますが、これも、時間を生み出して行動したからこそ起こった出来事。

そう思うと、人生って自分次第で何が起こるかわかりません。


時間＝人生だから、時間の使い方を変えることは人生を変えることなんですよね。

私もまだ「主婦業9割削減」への挑戦の途中です。

この本を読んでくださったあなたも、時間の使い方を変えることで、きっと新しい景色が見えてくると思います。

時間を生み出すということは、それくらい価値のあること。

そのために、まず「何をやめられるか」を考えてみることからはじめませんか？

山積みになったものをひとつひとつ片付けていくような、そんな気持ちになるかもしれません。でも行動すると、必ず何か変化が起きます。

この本が〝あなたの人生が動き出す〟、そんなきっかけになれたらとても嬉しいです。

唐仁原けいこ

スペシャルサンクス

この本を書くにあたり、
沢山の方にご協力いただきましたことを感謝申し上げます。

山崎潤弥
小田桐あさぎ
サチ
竹井　カヨコ
冨永　貴代
松岡　まりえ
Mahinaily

価値育事務局
夢叶学校の皆さま
主婦業削減を目指すクラブの皆さま
ＴＥＡＭするめ with N
★Mom Friend★
★My Family★
「主婦業９割削減宣言」盛り上げタイの皆さま

いつもブログや配信を見てくださる皆さまのおかげです。

唐仁原けいこ（けーりん）
株式会社ライフキャリアcircle代表取締役
長野県在住、3児の母
2020年6月に「主婦業9割削減を目指す」と宣言して書きはじめたブログが話題になり書籍化。各種メディアから取材を受ける。「こうあるべき」から解放されると評判の主婦業9割削減エッセンスを伝授した人は述べ1万人以上。ジェンダーの平等、女性活躍推進、少子化 今の日本が抱える課題に一石を投じる発信だという声をいただく。
女性が主体的に生きるがテーマのオンラインコミュニティ#ライキャリ 主宰。

唐仁原けいこ　オフィシャルサイト
https://keikotojinbara.com

主婦業《しゅふぎょう》9割削減宣言《わりさくげんせんげん》

2021年3月10日　初版発行
2024年3月25日　再版発行

著　者　唐仁原《とうじんばら》けいこ
発行者　安部 順一
発行所　中央公論新社
〒100-8152　東京都千代田区大手町1-7-1
電話　販売 03-5299-1730　編集 03-5299-1740
URL https://www.chuko.co.jp/

DTP　ハンズ・ミケ
印　刷　大日本印刷
製　本　小泉製本

Published by CHUOKORON-SHINSHA, INC.
Printed in Japan　ISBN978-4-12-005407-5 C0077